Aventurier de l'Esprit Saint

Hugo Ballouhey

Contenu

Chapitre 1

L'archipel de Saint-Pierre-et-Miquelon

Je suis originaire de Saint-Pierre-et-Miquelon, dans l'Atlantique Nord, aux portes du Canada. Jacques Cartier prit possession de l'archipel en 1535 pour le roi François Ier. Après les affrontements entre colons français et anglais, ces îles furent définitivement rattachées à la France en 1816. L'île principale, baptisée Saint- Pierre en référence au saint patron des pêcheurs, est la plus petite. Elle abrite la majorité de la population, c'est-à-dire un peu moins de quatre mille personnes dans les années 1920, six mille aujourd'hui. Au Nord, Miquelon-Langlade, dont le nom vient de Michel, est formée de deux longues presqu'îles.

La population de Saint-Pierre, au début du XIXe siècle, est principalement constituée de descendants de
marins originaires du Pays basque, de Bretagne et
de Normandie, venus s'installer à proximité des eaux
très poissonneuses de Terre-Neuve. Notre église de
Saint-Pierre, consacrée par Mgr Légasse aux Saints
Cœurs de Jésus et de Marie en 1907, témoigne des liens
très forts entre l'archipel et le Pays basque. Sa restaura-
tion a été largement financée par les familles des armateurs basques qui ont laissé leurs noms sur les vitraux.
Mgr Légasse lui-même était originaire du Pays basque
français. L'architecture intérieure de l'église, avec ses tribunes, est caractéristique des églises basques. À l'origine, les tribunes étaient réservées aux messieurs, tandis
que les dames et les enfants étaient dans la nef. Cette
coutume a rapidement évolué car les jeunes messieurs
de la tribune se plaçaient toujours de sorte à pouvoir
épier leur demoiselle en bas !...

La pêche à la morue est l'activité principale de l'archipel.
Elle rythme la vie quotidienne des îles, dans un esprit
d'entraide générale. Les campagnes de pêche commencent au printemps et s'achèvent à la Saint-Michel, fin
septembre. À cette date, le froid arrive et l'archipel,

balayé par les vents et soumis à un climat très rude, adopte son rythme hivernal.

La pêche est très bonne sur le banc de Terre-Neuve. Chaque matin, entre trois heures et quatre heures, les marins quittent le port sur leur doris, petit bateau en bois à fond plat. Ils relèvent les lignes qu'ils ont posées la veille. Une fois à terre, la morue est séchée et salée. Ainsi, elle se conserve jusqu'à sa vente, à la fin de la campagne.

La morue de Terre-Neuve est très recherchée. Les pêcheurs la vendent à des armateurs métropolitains, souvent bordelais. Cet énorme poisson – il peut mesurer plus d'un mètre de long ! – trouve sur nos rivages la température idéale pour s'épanouir et se reproduire. Très convoité, il attire des équipages du monde entier. L'espèce, rapidement trop exploitée, s'est raréfiée, mais les Saint- Pierrais, qui n'ont pas les deux pieds dans la même botte, ont trouvé d'autres poissons à pêcher, par exemple le thon. Ils se sont mis aussi à pêcher le requin bleu, très recherché par les Japonais. Aujourd'hui, des chalutiers saint-pierrais continuent la pêche et, à Miquelon, les coquilles Saint-Jacques se ramassent encore à la fourche !

Les femmes des marins s'occupent du capelan, petit poisson pêché pour être consommé, mais aussi utilisé comme appât. Au printemps, on dit qu'il « roule sur le rivage ». Le capelan arrive en bande, souvent en même temps que le brouillard. Les femmes et les jeunes qui ne vont pas à l'école s'occupent de le faire sécher et de le ranger dans des barils. Il sera vendu en métropole avec la morue. L'encornet de la rade, ainsi que certains coquillages, servent aussi d'appât sur les lignes.

Pour nos prêtres, prêcher sur la pêche miraculeuse est un exercice difficile, car les marins saint-pierrais connaissent rudement bien leur affaire !

Mes origines familiales

Comme beaucoup de familles de l'île, mes origines sont très variées. Mon grand-père paternel est né à Champeaux, un petit village au sud de Granville, en Normandie. Le lieu-dit « La Gilberterie » rappelle, aujourd'hui encore, ce quartier de la famille Gilbert. En passant dans le village, alors que j'allais prêcher une retraite pour les Trappistes de Bricquebec, il y a plusieurs années, j'ai retrouvé, dans les registres, la mention du baptême de mon grand-père à Champeaux. Marin sur un trois-mâts du banc de Terre- Neuve, et probablement blessé durant son exercice, il fut envoyé à l'hôpital de Saint-Pierre. C'est ainsi qu'il rencontra ma grand-mère, Marie-Joséphine Olano, dont la famille, d'origine basque espagnole, gardait le phare de Langlade. Ils se marièrent. Mon grand-père a continué la pêche. Mon père, André, est né à Miquelon. Le registre de l'île nous apprend que la famille de mon père quitta Miquelon quand il avait environ sept ans pour aller s'installer à Saint-Pierre. La pêche était probablement meilleure dans cette anse.

Du côté maternel, mon grand-père Salvat Lafourcade, basque, était

aussi marin sur le banc de Terre-Neuve. Lors d'une escale, il fut conquis par l'île… et par Marguerite Fitzpatrick ! D'origine anglaise, la jeune demoiselle travaillait au service d'une famille de Saint- Pierre. De son côté, dès qu'elle le vit, il lui plut aussi. À la fin de la campagne de pêche, il resta sur l'île et ils se marièrent. Ils eurent six enfants, dont quatre filles : Jeannette, Marie, ma mère, Joséphine et Anita. Leur premier fils, Désiré, mourut en bas âge et Alphonse, tué à Verdun à vingt-cinq ans, a laissé une très belle trace dans la famille. C'était un jeune douanier d'une grande bonté. Il est enterré près de la grande croix du cimetière de Saint-Pierre. Je porte le prénom de cet oncle, mort héroïquement quelques années avant ma naissance.

Mes parents ont ainsi grandi ensemble à Saint-Pierre et se sont mariés. Ma mère était institutrice en maternelle. Elle parlait anglais

couramment.Elleétaitdistinguée,trèscultivéeetécrivait admirablement. Elle m'a écrit des milliers de lettres.

Une vie de famille simple et extraordinaire à la fois

Je suis né à Saint-Pierre le 11 septembre 1921.

Mon père a l'habitude de dire qu'il exerce les deux plus beaux métiers du monde : pêcheur, comme les apôtres, et menuisier, comme saint Joseph. À la fin de sa campagne de pêche, quand son poisson est livré et qu'il a reçu sa paie des armateurs, il change de métier pour l'hiver et devient charpentier jusqu'en mars. C'est un très bon charpentier, très compétent. Même chose pour la pêche.

Sur nos îles, en septembre, l'approche de l'équinoxe annonce une période de tempêtes. Mes parents étaient encore dans leur cabane de pêche lorsque ma mère ressent les premières contractions, au début de la nuit. Paniqué par la tempête, mon père monte dans son bateau pour aller chercher Madame Norgeot, la sage-femme de Saint-Pierre. C'est le moyen le plus rapide pour rejoindre le port. Le vent souffle terriblement, la mer est vraiment déchaînée. Effarée par les conditions météo, la sage-femme accepte, non sans crainte, de se rendre aux côtés de ma mère, pour qui elle a beaucoup d'affection. Mon père m'a raconté avoir mis des couvertures et des coussins au fond du doris pour installer au mieux Madame Norgeot et lui avoir recommandé de fermer les yeux et de se laisser conduire. C'est ainsi qu'ils sont arrivés à la maison, dans la nuit noire, au cœur de la tempête. J'ouvre les yeux sur ce monde vers cinq heures du matin, paisiblement. Madame Norgeot prend une bonne tasse de café et mon père la ramène en ville, par la route cette fois, dans une voiture à cheval.

Je suis le troisième d'une fratrie de quatre enfants. André, l'aîné de notre famille, est né en 1914. Marguerite, la deuxième, est ma sœur chérie. Je joue beaucoup avec elle. Elle n'a que deux ans de plus que moi. Elle est pour moi un modèle de charme, de piété et de douceur. Cela ne l'empêche pas de bien savoir ce qu'elle veut ! Maman est très fière de sa fille. Émile est le cadet, il a deux ans de

moins que moi. Nous formons tous les quatre une joyeuse bande. Malgré le climat rude de notre île, le froid, l'hiver et les intempéries, nous grandissons dans une ambiance familiale chaude et intense. Nous avons une vie à la fois simple et extraordinaire, entourés de parents vraiment très chrétiens. L'hiver, nous vivons dans notre maison de ville recouverte de bardeaux bleus, et l'été, dans notre cabane de pêche.

Mes parents sont présents à toutes les cérémonies de l'Église. Ils sont aussi investis dans des mouvements. Ma mère fait partie des Mères chrétiennes. Mon père appartient au groupe des Hommes du Saint-Sacrement. Une fois par mois, ceux-ci prennent un temps d'adoration eucharistique et un prêtre leur donne une causerie sur le sens de l'Eucharistie. Il doit y avoir une cinquantaine d'hommes dans ce groupe, et plus, certainement, chez les Mères chrétiennes.

Mes parents nous éduquent chrétiennement, sans faire d'excès. Nous avons une vie familiale normale, avec le Seigneur et la Vierge Marie au milieu de nous. Les mois d'octobre et de mai, plus particulièrement consacrés à la Vierge, sont toujours marqués d'une attention particulière. Nous nous retrouvons fréquemment pour la prière du soir. Après la prière, nous embrassons nos parents puis nous montons l'escalier pour rejoindre nos chambres. En me glissant sous mes draps, je découvre avec bonheur la brique chaude déposée par maman pour réchauffer mon lit... De sa voix merveilleuse, elle nous chante une berceuse. Nous nous endormons rapidement, le cœur en paix. Mon père, très bon lui aussi, reste toujours attentif à l'épanouissement de ses enfants. Nous avons une vie de famille vraiment très douce et heureuse.

Le matin, nous partons à l'école avec maman. Elle s'occupe de la classe maternelle. Pendant l'hiver, quand l'île est recouverte de son manteau immaculé, nous faisons le chemin en traîneau, bien emmitouflés. Nos deux chiens, Nez Blanc et Médor, connaissent parfaitement la route. J'aime beaucoup cette expédition. À notre retour de classe, l'après-midi, maman nous prépare le goûter : un bon bol de lait très chaud et des tartines avec de la morue grillée. Un

vrai régal ! Nous reprenons rapidement des forces et nous réchauffons. Ce moment est délicieux. J'ai alors souvent la permission d'aller jouer au football avec mes copains, avant de faire mes devoirs. Je suis le capitaine de notre équipe.

Un soir, après l'école, mes copains me proposent d'aller voir le magnifique bateau de guerre amarré à quai depuis peu. Ce navire est extraordinaire pour nos yeux de garçon de dix ans... Nous filons vers le port. Sur la passerelle, le marin de garde nous propose de visiter le navire. Nous sommes tout heureux ! Il nous montre les canons et nous explique leur fonctionnement. Devant nos yeux écarquillés, il nous fait même visiter l'intérieur du bateau. Jus de fruits, petits gâteaux... nous sommes reçus comme des rois ! Lorsque nous sortons de la cabine, la nuit est tombée. Une nuit noire. Nous n'avons pas vu le temps passer...

Je monte alors jusqu'à la maison le plus vite possible. Essoufflé, j'ouvre la porte en toute hâte et je découvre que le repas familial se termine. Silence de mort. Je réalise mon erreur. Ils se sont inquiétés pour moi. Une minute passe. Deux. Mon père rompt le silence et me demande la raison de mon absence. Je lui réponds. Il m'envoie me coucher. Assis sur mon lit, la tête entre les mains, je pleure. Jamais papa ne m'a parlé ainsi.

Et jamais non plus je ne me suis couché sans dîner et sans recevoir le traditionnel bisou du soir. Le lendemain matin, je promets à papa de ne plus recommencer. Il m'embrasse. C'est terminé. Nous n'avons jamais reparlé de cette histoire. C'est mon unique souvenir de punition.

Sur nos îles, les traditions familiales et les fêtes ont une grande importance. Comme l'hiver est long et rude, nous nous retrouvons régulièrement entre cousins. Ma mère, décorée du prix de la meilleure pâtissière de Saint-Pierre-et-Miquelon, nous fait à chaque occasion des gâteaux extraordinaires. Comme mon frère aîné, je suis enfant de chœur. À tour de rôle, nous servons la messe. Il fait bon retrouver nos amis paroissiens dans notre église bien chauffée !

Un soir de 1932, alors que je rentre tranquillement de l'école, mon père vient à ma rencontre sur le chemin et me fait monter rapidement dans un camion. À la maison, ma sœur vit ses derniers instants. À neuf ans, elle succombe à une péritonite, vraisemblablement. En entrant dans sa chambre, je découvre le docteur et le prêtre auprès d'elle. Nous sommes tous réunis à son chevet. J'entends ma sœur chérie offrir sa vie au

Seigneur avant de mourir. Cela marque mon cœur d'enfant. Je vis cette épreuve intimement uni a Jésus. Personne ne s'attendait à pareil événement... Nous nous apprêtions, en ce jour de la fête de saint André, à fêter mon père et mon frère. Maman a rangé les gâteaux dans le buffet. Cet événement douloureux est un moment important de notre histoire familiale. Régulièrement ensuite, nous allons prier sur la tombe de Marguerite avec nos parents, sûrs que notre sœur chérie est près de Jésus.

Mon frère André, lui, est décédé bien des années plus tard, en

2012. Il était alors le doyen de Saint-Pierre-et-Miquelon. Il a fondé sa famille et est resté à Saint-Pierre comme employé municipal. Après le décès de nos parents, il est retourné vivre dans notre maison familiale. Je lui en suis très reconnaissant. Cela a été pour moi un bonheur immense de pouvoir, au long de ma vie, retourner dans ce lieu de mes origines. Il est imprégné pour moi de souvenirs familiaux très intenses.

Mon frère Émile, de deux ans mon cadet, est décédé à cinquante- deux ans. Il a fait des études et a eu une situation sociale importante. Il dirigeait l'imprimerie de

Saint-Pierre. Sa femme Lucienne enseignait les mathématiques au collège. Tous deux étaient très engagés dans les œuvres chrétiennes. Émile était chef routier, et Lucienne, cheftaine guide.

Mes colloques avec Jésus

Enfant, j'ai l'habitude d'aller avec mon père à la messe, le dimanche. Nous partons en avance tous les deux car papa se confesse avant l'eucharistie. Je ne comprends d'ailleurs pas bien pourquoi... À mes yeux, il est parfait ! De mon côté, j'en profite pour me promener dans l'église.

J'ai sept ans lorsque Jésus me parle pour la première fois. Ce jour- là, en haut des trois petites marches, assis devant la colonne, juste à côté de la cathèdre, mon cœur d'enfant découvre la tendresse infinie de Dieu. Jésus me parle de ma vie. Et je lui réponds. Nous échangeons comme des amis intimes. C'est une grande surprise pour moi. Je prie tous les jours, mais jamais Jésus ne m'a parlé comme cela. Dès lors, je prends l'habitude, le dimanche matin, de laisser papa dans la file des pénitents et de rejoindre rapidement le tabernacle. C'est là qu'est née ma vocation.

Je ne peux détailler ici ces confidences que Jésus a faites à mon cœur d'enfant. Au ciel, nous parlerons à haute voix de cela. En tout cas, je suis passionné pour lui… Mais vraiment ! Je ne connais pas la distinction entre le Père, le Fils et l'Esprit Saint. Pour moi, c'est Jésus. Il me parle aussi parfois quand je fais ma prière seul le soir dans mon lit, mais habituellement c'est plutôt le dimanche. J'attends ce jour de fête avec une grande impatience. Jésus me prépare ainsi à vivre dans l'Esprit Saint, c'est-à-dire à tout vivre intérieurement, en lien permanent avec lui. Je garde depuis mon enfance cette relation intime avec Jésus.

Je suis très ému en repensant à ma Première communion. Je vivais déjà avec Jésus, mais ce jour-là – je me revois encore dans mes beaux habits de fête –, il vient demeurer chez moi. Je suis vraiment tout le temps avec lui.

J'emmène toujours mes dix copains de l'équipe de football à l'église. Le ballon sous le bras, avant les matchs, je les fais prier pour notre victoire, mais aussi pour que personne ne se batte

pendant la partie. Une toute petite prière, et nous filons sur le terrain !

Appel au sacerdoce

Quand Jésus me parle du sacerdoce, j'ai à peu près dix ans. Je garde cet appel dans le secret de mon cœur. Ma sœur est ma seule confidente. Au service de l'autel, vêtu de la soutane rouge et du surplis blanc, je regarde attentivement les prêtres. J'aime particulièrement celui qui s'occupe du patronage. Lors d'une confession du mercredi, je prends mon courage à deux mains et m'ouvre de ce désir à un prêtre que je ne connais pas. J'ai alors douze ans.

« Mon Père, je voudrais être prêtre.

– Parlez-en à vos parents. »

Rien de plus. La grille du confessionnal se referme. Mais comment annoncer cela à mes parents ? Je suis bien tracassé sur le chemin qui remonte vers la maison.

Je profite d'un petit moment de silence pendant le repas pour demander à mon père de lui parler seul à seul, ce qui ne m'est jamais arrivé. Tout le monde éclate de rire. Cela commence mal... Heureusement, papa prend ma demande très au sérieux, et, à la fin du repas, il m'invite à le rejoindre au salon. Assis sur le canapé vert en face de lui, je lui ouvre mon cœur et lui partage mon désir de partir en métropole suivre des études pour devenir prêtre. À vrai dire, je ne comprends pas bien le système des études, alors je me contente de répéter ce que j'ai entendu.

Comme tous les marins, mon père se tait d'abord. Après un bon moment de silence, il me dit qu'il en parlera à Maman.

Le lendemain, il me convoque à nouveau au salon. Je saisis alors combien il est douloureux pour mes parents de se séparer de moi. D'autant que ma sœur est décédée l'année passée. « Alphonse, me dit papa, je te connais bien, je suis sûr que tu vas me dire la vérité. Si tu veux partir pour être médecin, avocat, directeur de collège, ou encore gouverneur de Saint-Pierre-et-Miquelon, avec ta mère nous nous y opposerons. Mais si tu es sûr que Dieu t'appelle à devenir prêtre, nous serons critiqués, nous le savons, mais nous ne

t'empêcherons pas. Nous ne ferons pas obstacle à Dieu. Étends la main. Dis-moi si tu es sûr que Dieu t'appelle.

– Oui, papa. J'en suis sûr. »

La main étendue vers lui, le cœur serré, je lui dis ma certitude d'être appelé par Dieu à devenir prêtre.

C'est donc décidé, je vais partir. Nous sommes en juillet 1933. Le prêtre du patronage a dû demander au Préfet apostolique de m'envoyer chez les Spiritains. Cette congrégation est en charge de l'île depuis la fin du XVIIIe siècle.

Départ pour le petit séminaire

Dans ma prière, je supplie Jésus de me trouver un moyen de financer mon trajet. Je ne veux pas que mes parents souffrent de cette dépense. Elle représente quand même le salaire d'une année de travail. C'est colossal ! Notre famille ne manque de rien, mais nous avons tout juste ce qu'il nous faut, sans aucun superflu. Dès la fin de l'école primaire, mon frère aîné s'est mis au travail pour aider nos parents. Lui qui est très intelligent, il n'a pas eu le bonheur de faire des études supérieures. Il a commencé à travailler dans le commerce du whisky vers l'Amérique. À l'époque, c'était la prohibition aux États-Unis, et notre île est devenue une véritable plaque tournante du transport d'alcool. Mon frère travaille donc. Quant à moi, j'ai le bonheur de poursuivre mes études.

Ma prière est exaucée dans les jours qui précèdent mes douze ans, en pleine saison de tempête. Nous sommes dans notre maison de pêche. Mon père, surpris dans son sommeil par un énorme bruit, se hâte de sortir et voit un bateau s'échouer sous ses yeux. Rapidement, il jette des cordes pour secourir les naufragés. Il les fait entrer à la maison. Ma mère s'occupe d'eux, elle leur trouve du linge propre, ils se réchauffent et reprennent des forces autour d'un bon repas. En guise de remerciement, ces marins – anglophones, je me souviens – offrent à mes parents leur cargaison de charbon. Nous la vendons. Ce que nous gagnons correspond exactement aux dépenses nécessaires. Je remercie Jésus.

Plus le départ approche, plus je suis malheureux. Quitter toute ma famille et partir de l'autre côté de l'océan dans un lieu et une congrégation inconnus est très difficile pour moi. Le jour de mon départ, sur le quai, tout le monde a le cœur serré. Mes parents ont une peine terrible. Mon père m'a raconté plus tard que ses amis n'avaient jamais compris qu'il m'ait laissé partir. Je pleure. Lui aussi. Je ne connais ni ce qui m'attend pendant cette traversée, ni ce que va être ma vie au séminaire, ni aucun prêtre là-bas. Lui non plus.

Mon père a eu une belle audace et une grande liberté de me laisser partir ainsi, contre l'avis général.

Heureusement, nous sommes deux à vivre cette aventure. Mon copain ne restera pas longtemps au séminaire, mais nous partons ensemble. Nous traversons l'océan Atlantique et à Saint-Malo, le père Yvon, que je croiserai à nouveau plus tard, nous met dans le train pour Paris. Là, un autre père se charge de nous faire monter dans le train pour Clermont-Ferrand.

La vie très rigide du séminaire

Au séminaire de Cellule, près de Clermont-Ferrand, une nouvelle vie commence pour moi. Une vie austère et rude. Les Pères du séminaire m'appellent « Monsieur Gilbert ». Pour moi qui n'ai que douze ans et qui sors d'une famille chaleureuse et joyeuse, le contraste est brutal ! Je ne suis encore qu'un enfant et j'ai besoin d'affection, de soutien. Mais rien. Les Pères ne nous connaissent pas, ils ne nous parlent pas. À Saint-Pierre, les prêtres étaient avec nous dans la cour, tout le temps. Mais là, non. Ils nous saluent vaguement de la main, mais ne nous adressent jamais un mot. Ils font la classe et c'est tout. Nous n'avons aucune relation personnelle. Pour moi, c'est incompréhensible.

Je m'ennuie beaucoup. Je passe une bonne partie de mes études à aider mes copains, en nous cachant derrière les arbres car cela n'est pas autorisé. C'est ce qui vaut ces mauvaises notes en conduite qui étonneront toujours ma mère...

Je suis doué pour les études, alors la journée passe vite. Mais lorsque le soir arrive, l'heure de l'étude, qui dure deux heures et quart, est un moment terrible pour moi. J'ai toujours fini mes devoirs en moins d'une heure, mais nous n'avons pas le droit d'aller à la bibliothèque, ni même de sortir un livre de notre casier. Et je ne peux écrire à mes parents que le dimanche. Si bien que le surveillant me demande parfois de recommencer mes devoirs. Je trouve cela stupide, alors je préfère attendre. Mais que c'est long ! Les bras croisés sur mon petit cahier, je pense tout le temps à mon pays...

Pendant ces longues études, Jésus me donne un grand coup de main. Pour ma communion solennelle, je reçois en cadeau une lourde petite statue en argent qui représente Jésus à l'agonie. Ce cadeau me touche beaucoup. Quand je finis mes devoirs, je sors discrètement ma statue, je l'installe sur mon bureau et je contemple Jésus. Je lui dis : « C'est pour toi, Jésus, que je suis là. Je t'ai promis. Je ne reviendrai pas sur ma parole ! » Et Jésus me console. Lui qui a traversé la souffrance, il est avec moi, pour m'aider à

traverser la mienne. En offrant à Jésus ma souffrance, je reprends courage.

Le comble pour moi est de ne pas pouvoir aller à la chapelle pendant la récréation. Comment les Pères peuvent-ils me priver de ces rencontres avec Jésus près du tabernacle ? Je ne comprends vraiment pas cela… J'assiste, bien sûr, à la messe le matin, avec mes amis. Nous sommes tous bien alignés en rang. Mais ensuite, la porte de la chapelle est fermée, c'est terminé. Je ne peux plus revenir parler à Jésus près du tabernacle, ni me promener dans l'église.

Heureusement, je reçois une lettre réconfortante de mes parents chaque semaine. Pendant dix ans, ils m'écriront ! Une semaine, c'est maman et la suivante, papa. Mon père termine toujours par quelque chose comme : « Alphonse, surtout, si tu t'ennuies trop, reviens. Tu es libre. Tu n'es pas obligé de rester là-bas. Personne ne t'a obligé à devenir prêtre. » Et de fait, je suis complètement libre de ce choix. Je n'ai jamais ressenti aucune pression familiale.

À la fin de l'année, les copains partent en vacances et je dois rester avec les Pères. Cela n'est pas drôle pour un jeune ! Ils sont distants, leurs blagues ne m'emballent pas, et, comble de malchance, ils ne sont pas sportifs... Ils ne savent même pas où se trouve le ballon ! Heureusement, le supérieur m'envoie chez des amis de temps en temps, ce qui me permet de retrouver des jeunes de mon âge. Ces deux étés ont été bien longs, loin des miens...

À quinze ans, après la quatrième, je peux enfin rentrer à Saint- Pierre-et-Miquelon grâce aux dons d'une généreuse congrégation qui fait un extra pour les vocations indigènes. Mon cas est un peu spécial, mais avec mes bons résultats le voyage m'est offert. Un voyage terrible : Clermont-Ferrand–Paris en train, puis Paris–Dieppe en train, puis Dieppe–Newhaven (Angleterre) en bateau, puis Newhaven–Londres–Liverpool en train. J'attends le bateau sur le port de Liverpool pendant trois jours. Nous embarquons ensuite pour dix jours de traversée jusqu'à Terre-Neuve. Enfin, à Terre-Neuve, il

nous faut faire encore deux jours de bateau pour atteindre Saint- Pierre. Une véritable aventure !

Premières vacances et second départ

Mais quelle fête quand j'arrive là-bas ! C'est un bonheur immense de retrouver ma famille et mes amis. Comment peut-il exister un écart si grand entre la vie austère du séminaire en métropole et la vie sur mon île ? J'ai quinze ans. Mes parents m'offrent un beau vélo tout neuf. Je retrouve l'atmosphère familiale chaude et douce, ainsi que notre vie simple que j'apprécie tant.

Maman me réveille aux aurores tous les matins pour que j'aille servir la messe de sept heures. Elle m'aurait bien laissé dormir, mais je tiens à ne manquer aucune eucharistie. Je ne peux me passer de Jésus. Devant le tabernacle de mon enfance, je parle avec lui. Je retrouve le petit frère sacristain et chacune de ses habitudes : il allume les mêmes bougies, il les place au même endroit... Tout, dans ce lieu si cher, me parle. Rien n'a changé. Ces vacances passent bien vite. Elles sont pour moi une bouffée d'oxygène. Mais à la fin des vacances, il faut bien penser à mon retour.

Ma deuxième rencontre avec le père Yvon est providentielle. Je cherche un bateau qui me ramène en France. Je supplie Jésus de m'en trouver un. Un matin, après avoir servi la messe, je rencontre à nouveau le père Yvon, ce grand capucin trapu et barbu. J'ai toujours le souci de ma famille chevillé au cœur et ne veux pas que ce voyage soit à la charge de mes parents. Le père Yvon a entendu parler de moi. Il me propose d'embarquer sur son bateau. Il réalise un film sur les Terre-Neuvas, ces pêcheurs de Terre-Neuve : leurs conditions de vie, leur travail, etc. Je ne peux accepter pareille proposition sans l'autorisation de mon père. « Comme tous les marins, ton père ne te laissera pas monter sur mon vieux molly ! », rouspète le père Yvon.

Ce jour-là, mon père part à la pêche. Je lui explique ma rencontre et nous descendons rapidement vers le port. Dans son doris, nous rejoignons le mouillage du voilier. Mon père veut voir le bateau. Il sort son crayon de menuisier, du papier et il se met à faire des calculs. Il fait le tour du bateau, prend les mesures de la coque, de la

voile, etc. Cela dure plus d'une heure, peut-être même une heure et demie. Je dis à Jésus : « Pourvu qu'il dise oui !... Pourvu que ça marche !... » Parce que c'était gratuit, quand même ! Évidemment, j'allais rendre service à bord et je figurerais dans le film du père Yvon en qualité de mousse. Pour la première fois, j'allais gagner ma vie !

Du quai, le voyant si affairé autour de ce gréement nouveau-venu, un copain de mon père lui demande en criant s'il veut acheter le bateau. À mon grand étonnement, je vois que mon père va très certainement accepter que j'embarque. J'en suis ravi. Il m'explique ce qu'il a conclu de ses investigations et de ses mesures savantes, comment ce bateau monterait et descendrait sur les vagues, comme une coquille de noix, sans risque de chavirer. Il n'y a pas de grand danger. Le seul risque, selon lui, est de déchirer la voile par gros temps ; mais les marins à bord sauront faire face, lui semble-t-il. Il me donne donc son accord.

Je suis si heureux ! Ce n'est pas uniquement une question financière, c'est bien plus que cela : nos deux volontés, celle de mon père et la mienne, sont à l'unisson. Nous avons décidé cela ensemble. J'ai toujours eu avec mon père une relation très spéciale. Avec maman aussi, bien sûr, mais avec mon père il y avait quelque chose de particulier. Au moment de ce second départ, il était sûr de ma vocation.

Quand j'apprends au père Yvon notre décision, il est très étonné. Il demande à rencontrer mon père et il est impressionné par lui. C'est donc décidé : je vais quitter Saint-Pierre dans l'équipage du père Yvon. Le rendez-vous est fixé à six heures le matin du départ. Il sera finalement reporté au soir, puis au lendemain matin, faute de vent. Cette dernière nuit à la maison est très difficile. Je suis si malheureux à l'idée de quitter à nouveau ma terre et les miens...

Mousse sur le bateau du père Yvon

Pour la deuxième fois, donc, je m'embarque pour la France. Je connais la vie qui m'attend là-bas. Je sais aussi que je pars pour longtemps.

Nous voici en route vers la haute mer. Vingt-quatre heures plus tard, nous arrivons sur le banc de Terre-Neuve, et déjà un bateau de pêche est en vue. Notre équipage est entré en contact avec lui par morse. Au total, nous rencontrerons une dizaine de navires lors de cette traversée.

Le père Yvon me réveille tôt. « Hé, p'tit gars ! Les bottes, le ciré ! » J'enfile rapidement mon équipement pour affronter les embruns et je le suis. Nous avons d'abord un rôle de messager : nous portons le courrier à l'équipage et recueillons le leur pour l'acheminer en France. Pour des marins qui ne peuvent pas rentrer chez eux pendant six mois, ces lettres sont très précieuses. Dans celles qu'ils reçoivent, ils apprennent souvent la nouvelle très attendue de la naissance d'un enfant, mais aussi, malheureusement, le décès d'un proche. Nous faisons à chaque fois une visite à bord.

Comme nous sommes en pleine mer, il y a souvent beaucoup de houle, mais le père Yvon n'est pas du tout dérangé par cela : il danse sur les lames et passe avec dextérité du doris à bord des terre-neuviers. Il interpelle chaque marin par son prénom. Ces pêcheurs mal rasés et fatigués, dans leurs larges pantalons qui tombent et leurs grandes bottes, lui réservent toujours un accueil formidable.

Originaire de Guengat, ce prêtre breton a vraiment un ministère peu ordinaire. Et un sacré courage aussi pour affronter le mauvais temps et les rudes conditions des Grands Bancs de Terre-Neuve. Son petit chien Milou le suit partout et sait même lui apporter sa pipe quand elle tombe par terre, lors des parties de cartes, le soir. Il est très populaire sur le pont avec sa voix terrible de stentor qui domine le fracas de la tempête !

Cet aumônier au tempérament de feu et à l'énergie indomptable a toujours dans une poche de sa bure de capucin le Saint-Sacrement pour ceux qui veulent communier, et dans l'autre, une bouteille de rhum ! Quant à moi, je suis chargé d'apporter gâteaux, bonbons et tout ce que nous avons pu garder pour les mousses. Ces marins séparés de leurs familles pendant de longues périodes sont heureux de me voir. Ils m'appellent « l'enfant de chœur du père Yvon » et s'étonnent de savoir que moi aussi je veux devenir prêtre. Pour beaucoup, j'ai l'âge de leurs fils.

Notre visite dure deux heures. Le père Yvon partage avec ces marins qu'il connaît personnellement tout ce qui fait leur vie quotidienne. Je le vois écouter leurs confidences, les rassurer, mais aussi les confesser. Homme très simple, il sait parler leur langage et se faire très proche d'eux. Il les aime et sait qu'il représente Jésus auprès d'eux. Les marins lui proposent souvent de descendre au carré prendre une tasse de café. Comme je n'ai pas le mal de mer, j'aime le suivre et écouter ces conversations des plus ordinaires, des plus simples, mais des plus vraies aussi. Il m'arrive de parler de ma vie au séminaire et de mon désir d'être missionnaire. Deux ou trois sont touchés et s'approchent. Alors, je peux témoigner de ce qui m'habite. « J'aime Jésus. Pour moi, un prêtre c'est Dieu qui vient vers les hommes. Regardez le père Yvon : c'est Dieu qui vient vers vous. C'est ça, un prêtre. Je veux être un prêtre comme ça. Je serai comme lui, dans mon cœur. »

Sur le quai, à Saint-Malo, le père Yvon orchestre une subtile mise en scène. Il a des caisses et des bouteilles, ramassées je ne sais où, à vendre en contrebande. Des bonnes choses apparemment ! Ma dernière mission consiste donc à décharger la marchandise tandis qu'il fait diversion en discutant avec les douaniers autour d'une tasse de café. J'exécute soigneusement les allers et retours, en suivant le chemin qu'il m'a indiqué jusqu'à une petite voiture rouge stationnée au bout du quai. Les poches de ma gabardine débordent à chaque trajet, mais tout est déchargé sans souci... J'ai

su plus tard que ce commerce lui assurait des fonds pour sa mission. Le soir venu, le père Yvon m'emmène dormir chez les pères.

Le lendemain, nous sommes sur le quai de la gare. Je vois bien qu'il a du mal à se séparer de moi. Il ne me dit rien. Il est peu expressif, comme tous les marins. Je suis pareil. Nous sommes tous les deux muets sur le quai, autour de ma valise. Nous entendons le train siffler et entrer en gare. Il me fait monter dans un wagon et me lance ma valise. Sans un au-revoir, la porte se ferme et je pars. Je le vois se retourner, il a de la peine. Moi aussi. Je pleure un bon coup dans le train.

Des images magnifiques de ces marins et du père Yvon restent gravées dans mon cœur. Ce prêtre fut pour moi un exemple édifiant. La Providence l'a mis sur ma route. À Paris, je demande à Jésus de pouvoir le revoir un jour.

Cette grâce me sera accordée une vingtaine d'années plus tard, lorsque, jeune professeur au Canada, je viens donner un spectacle chez les Capucins avec la troupe de théâtre que j'ai montée. Je suis invité à dîner après la représentation. Dans le réfectoire, j'entends une voix familière s'écrier : « Mais... c'est mon petit mousse ! » Je reconnais aussitôt le père Yvon. Il n'a pas changé, il a toujours la même manière de parler avec autorité. Je suis donc encore présent dans sa tête et dans son cœur. Devant tout le monde, nous nous embrassons chaleureusement. Des larmes de joie coulent sur nos visages. C'est un bonheur incroyable ! Jésus a exaucé ma prière.

Nous échangeons ensuite longuement. Il m'apprend qu'il a été très combattu par les armateurs qui voyaient ses films d'un mauvais œil. Ils ont inventé des histoires à son sujet et ont alerté ses supérieurs capucins afin de le faire disparaître du paysage. C'était inconfortable pour eux d'avoir un prêtre qui voyait de trop près le laborieux et dangereux quotidien des marins. Il a donc été envoyé en Inde. Et il était justement au Canada pour présenter ses derniers films. Infatigable père Yvon !

« La première fois que j'ai présenté ma défense, personne ne m'a soutenu : tous m'ont abandonné. Que cela ne soit pas retenu contre eux. Le Seigneur, lui, m'a assisté. Il m'a rempli de force pour que, par moi, la proclamation de l'Évangile s'accomplisse jusqu'au bout et que toutes les nations l'entendent», écrit saint Paul à la fin de sa deuxième lettre à Timothée. Après les grandes conquêtes et les grandes conversions, Paul est resté seul. « Lorsque je suis faible, c'est alors que je suis fort. » Parce que le Seigneur a dit : « Ma grâce te suffit, car ma puissance donne toute sa mesure dans la faiblesse. ». C'est pour moi la méthode pastorale de saint Paul, son testament, pourrait-on dire. La mort du juste abandonné, comme Jésus sur la croix. Le père Yvon, écarté de sa mission par de fausses rumeurs, a vécu quelque chose de cet ordre.

Comme le père Yvon, c'est ce que j'ai vécu tout au long de mon ministère sacerdotal. J'ai participé à la croix de Jésus. La croix fait partie de notre vie chrétienne. Il faut la repérer quand elle arrive et avoir un frère spirituel qui nous aide à voir que cette croix portera des fruits de résurrection. La croix est là pour que le royaume de Dieu arrive.

Le Seigneur ressuscité se manifeste dans la souffrance de son instrument. « Cet homme est l'instrument que j'ai choisi pour faire parvenir mon nom auprès des nations, des rois et des fils d'Israël», répond le Seigneur à Ananie, qui avait de sérieux doutes sur Saul le persécuteur. C'est superbe ! Le prêtre est cet instrument indispensable de Dieu. Si mon stylo est excellent, c'est certain, j'écrirai mieux que s'il est médiocre. La qualité de l'instrument est importante. Mais la cause première est essentielle, celle qui inspire et fait écrire le stylo. Celui qui inspire l'écriture sait toutes les idées qui vont passer à travers le stylo.

4. 2 Ti 4, 16-17.

5. 2 Co 12,10.

6. 2 Co 12, 9.

7. Ac 9, 15.

Chapitre 2

J'ai tout reçu de Dieu

À nouveau le séminaire

J'arrive donc en métropole, après ces vacances bénies passées sur ma terre, auprès des miens. À Paris, je prends le train pour Clermont-Ferrand où un Père m'attend pour me conduire au séminaire. Le rythme austère et rigide de la vie au lycée reprend. Je suis plus grand, ma vocation est pour moi une certitude et je connais déjà cet univers rude. Les difficultés me semblent donc bien moins éprouvantes. J'ai toujours les mêmes facilités pour étudier, ce qui me simplifie la tâche. Et surtout, avec les copains, nous formons des équipes de sport. Quel bonheur ! A chaque récréation et à chaque temps libre, nous jouons au basket. Cela est très précieux pour moi et équilibre mes journées. Je suis si fatigué en me couchant le soir que je m'endors tout de suite. J'ai moins de chagrin en pensant aux miens restés là-bas. Ces trois années passent ainsi beaucoup plus vite.

Une bouffée d'air

Une fois le baccalauréat décroché, notre bon Père supérieur à la longue barbe blanche me propose un temps de repos. Il a compris que je suis épuisé. La perspective de souffler un peu me réjouit. Je pars pour l'Auvergne retrouver Jacques, son petit-neveu, dans une maison de religieuses qui s'occupent des vieillards et des malades. Jacques est élève au grand séminaire. Nous passons des superbes vacances dans cette communauté. Émerveillé, je découvre la montagne sous le soleil.

Les sœurs sont très accueillantes. Elles m'ont réservé une belle chambre. Dans ce charmant petit village, nous sympathisons vite avec d'autres jeunes. Nous formons une chouette bande. Nous passons nos journées à jouer et à nous promener. Je goûte avec joie à cette douce liberté.

Je vais à la messe tous les matins, et le dimanche nous y allons tous ensemble. Le curé nous ayant partagé ses difficultés matérielles pour entretenir son église, nous montons un spectacle pour l'aider. Rien ne nous arrête ! Nous sommes débordants d'énergie et d'idées pour faire de cette soirée une réussite. Tout se passe magnifiquement bien. Nos numéros sont tous plus drôles les uns que les autres. Déguisé en fakir, avec mon serpent dans un bocal, je suis méconnaissable... Je m'amuse beaucoup à lire l'avenir ! Fiers de notre mise en scène, nous passons une belle soirée. Nous donnons tout l'argent récolté au curé, qui peut ainsi acheter de nouveaux bancs pour son église. Sa joie s'ajoute à notre fierté.

Pendant ces vacances, je lie une grande amitié avec une jeune fille de mon âge. C'est le moment d'un deuxième choix. Mon cœur est à Jésus, à lui seul, et pour toujours. Je le sais. Rien ne peut remettre cela en cause. Pendant mes oraisons après la communion, Jésus me montre comment conduire cette amitié sans remettre en cause ma vocation. Il m'éduque véritablement. Nous échangeons intérieurement. J'ai besoin de ces échanges avec Jésus, c'est ainsi que se règlent toutes mes interrogations. Je suis en paix et très heureux. Ce qui en est ressort ces jours-là, c'est que je peux continuer, sans aucune ambigüité, à danser le soir – je viens d'apprendre et cela ne me déplaît pas du tout ! Avant le premier pas de danse, je fais une courte prière et dispose ainsi mon cœur avec Jésus.

Ces vacances sont une bouffée d'air fraternel dans ma formation et un moment de grande croissance humaine.

En rentrant au séminaire, je dois choisir ma congrégation, puisque je veux être religieux. Ma décision est rapide. D'abord, je suis certain de vouloir être un prêtre missionnaire. Ensuite, je veux être comme les prêtres de mon île. En apprenant qu'ils sont Spiritains, je m'inscris dans cette communauté. Je suis envoyé pour le noviciat en Bretagne.

Rencontre avec la petite Thérèse

1939. La guerre éclate. Les noviciats spiritains de Lorraine et de Paris sont occupés par les Allemands. Tous les novices sont envoyés dans la grande propriété bretonne de Piré-sur-Seiche. Nous démarrons l'année à quatre-vingt-quinze. La maison déborde. Nos lits sont presque collés les uns contre les autres, nous avons un robinet pour trente pour nous laver le matin, et pas de douche. Mais nous sommes jeunes et prêts à tout pour traverser ensemble cette période difficile. Notre maison, comme le village, est occupée par les Allemands. Beaucoup d'habitants des alentours fuient. Notre chapelle et la salle communautaire sont rapidement réquisitionnées. Nos envahisseurs semblent très à leur aise chez nous. Ils prennent notre nourriture et nous détaillent leurs conquêtes à venir. Leur chef loue notre accueil. De notre côté, nous nous contentons de ne pas les froisser et cachons nos soutanes, craignant le pire.

J'arrive le cœur léger au début de cette année de noviciat. Enfin,

me semble-t-il, je vais vivre une longue pause spirituelle dans ma formation. J'envisage avec bonheur de passer toutes mes journées avec Jésus, de ne penser qu'à lui... Mais la première journée me glace. Le Père maître, pour une toute petite broutille, me remet en place fermement : « Vous êtes au noviciat pour corriger vos défauts et votre orgueil », me dit-il dans son bureau. Quelle surprise ! Il ne me connaît pas, et déjà il me juge. Cette année commence d'une drôle de manière. Il s'excusera plus tard de son emportement ce jour-là.

« Le ciel, l'enfer et le purgatoire. » Le thème de notre première retraite de dix jours me laisse perplexe… Jamais je n'ai songé ni à l'enfer ni au purgatoire. J'ai une relation si simple avec Jésus depuis mon enfance que je ne peux imaginer un seul instant être séparé de lui. Quelle idée ! Je ne peux vivre sans lui. Que pourrions-nous faire séparés l'un de l'autre ? C'est inenvisageable. De la même manière, il m'est impossible d'imaginer le purgatoire. Le ciel est mon unique perspective. Comme lorsque j'étais enfant, Jésus me réconforte.

Au début d'une conférence du Père maître, ce matin-là, mon regard vagabonde un peu et se pose sur la petite bibliothèque adossée au mur. Ses portes vitrées me laissent apercevoir les titres des livres soigneusement rangés. L'un d'eux m'attire : Retraite avec sainte Thérèse de l'Enfant Jésus, par le père Liagre. J'apprendrai plus tard que ce prêtre était spiritain et professeur d'Écriture Sainte. J'emprunte ce livre et découvre la petite Thérèse. Je la suis, pas à pas, pendant toute ma retraite, m'évadant volontairement des conférences proposées. Quel bonheur ! Je découvre, au fil des pages, comment elle a vécu sous l'inspiration de l'Esprit-Saint. Je suis au paradis. Je jubile intérieurement ! Thérèse devient une amie intime. Ce livre inspirera toute mon année de noviciat. J'y reviendrai tout le temps, car je trouve dans ses lignes un écho de ce que je vis. Je comprends très bien sa familiarité avec Jésus et comment porter ma croix avec lui par amour. Nous sommes sur la même longueur d'onde !

Entretiens avec Dieu le Père

Je reçois une autre grâce toute particulière durant cette année, dans le bois de la magnifique propriété : je rencontre Dieu le Père et il me parle. Ce n'est plus Jésus, comme au temps des colloques près du tabernacle de mon petit pays. C'est son Père.

« Tout m'a été remis par mon Père ; personne ne connaît le Fils, sinon le Père, et personne ne connaît le Père, sinon le Fils, et celui à qui le Fils veut le révéler », dit Jésus dans l'Évangile. Jésus souhaite me révéler le Père. Je reçois son message. Le Père me partage ce qu'il veut me faire vivre. « Il ne parle pas, mais il dit des choses », me dira plus tard un jeune délinquant de la fondation d'Auteuil, où je serai aumônier. C'est tout à fait cela. Lorsque le Père parle, il parle sans s'exprimer. Il est un pur esprit, il n'a pas de parole. La parole du Père m'atteint, mais elle m'atteint sans parole, si je puis dire. J'ai noté tout ce qu'il m'a dit pour ne jamais oublier.

Lors de trois ou quatre rencontres exceptionnelles dans ce petit

bois, le Père me parle de son projet d'amour. Cette expérience de l'intimité avec Dieu mon Père est pour moi mémorable. Ensuite, ces entretiens deviendront si réguliers qu'ils feront partie de ma vie.

Profession religieuse temporaire

Comme nous sommes très nombreux, je ne croise pas souvent le Père maître. Il y a toujours beaucoup de monde devant son bureau. Certains ont de lourds problèmes à lui confier. La veille de la profession, il me convoque dans son bureau. Il me demande :

« Monsieur Gilbert, doutez-vous de votre appel ? »

Cette question me surprend tellement qu'elle me laisse sans voix... Comment peut-il me demander si je doute de l'appel de Dieu ? Me connaît-il si peu ? Non, je ne doute pas ! Pas du tout, même. Il y a longtemps que je me suis donné à Jésus. Nous sommes de grands intimes.

Ma profession religieuse confirmera cela : je vais me donner à Jésus totalement et sans retour, en réponse à cet appel reçu quand j'avais douze ans.

En ce début du mois d'octobre 1940, allongé sur le plancher de l'église à côté de mes frères, face contre terre en signe d'humilité, nous invoquons tous les saints du ciel. Moi qui n'ai pas réussi à prévenir ma famille à cause de la guerre, je suis entouré de l'Église universelle. Je prononce mes vœux de chasteté, de pauvreté et d'obéissance. Pourtant, j'ai l'impression de ne rien donner. Je reçois tout de Dieu. Un torrent de joie inonde mon cœur. Mon offrande est toute petite à côté de ce bonheur immense de lui appartenir désormais dans la vie religieuse.

Près du tabernacle de mon petit pays, Jésus m'a appelé, alors que je n'étais qu'un enfant, et j'ai tout vécu avec lui depuis. En ce jour de ma profession, il me semble que l'Église valide notre intimité. Je suis arrivé au séminaire avec une petite valise et je m'engage maintenant à vivre pauvrement pour le reste de ma vie. J'ai traversé les attraits et les émois de l'adolescence, je m'offre tout entier à Jésus dans la chasteté. Je reconnais en l'autorité de mon supérieur la présence de Dieu et je promets de toujours lui obéir.

Trois ans plus tard, je renouvellerai définitivement ces trois vœux.

Formation philosophique et théologique

Je suis ensuite logiquement envoyé à l'abbaye de Langonnet, en Bretagne, pour ma formation en philosophie. Ces murs abritent plusieurs communautés, réfugiées comme nous. Nous sommes environ cent-vingt et vivons très serrés. Le ravitaillement manque. Malgré ces conditions difficiles, j'aime ces années de philosophie.

Mais le directeur du séminaire s'inquiète pour moi : je suis si loin des miens depuis si longtemps... Lorsqu'il me fait part de son inquiétude, je lui dis : « Mon père, je vais vous surprendre, mais je suis infiniment heureux ! Je suis comblé ! » C'est vrai, depuis longtemps j'ai trouvé mon bonheur. Le cœur comblé, je suis assez fort pour endurer les difficultés.

Je vis ces années de philosophie comme la préparation de l'apôtre à sa mission. Depuis ma découverte de la mystique thérésienne, je ne cherche qu'à transposer dans l'action cette vie sous la tutelle de l'Esprit Saint. Le petit livre de retraite avec Thérèse du père Liagre ne m'a jamais quitté durant tout mon séminaire. Je vis ce qu'il y a dans ce livre. Par exemple, il y a ce passage célèbre où sainte Thérèse écrit :

« Je veux chercher le moyen d'aller au Ciel par une petite voie bien droite, bien courte, une petite voie toute nouvelle. Nous sommes dans un siècle d'inventions, maintenant ce n'est plus la peine de gravir les marches d'un escalier, chez les riches un ascenseur le remplace avantageusement. Moi, je voudrais aussi trouver un ascenseur pour m'élever jusqu'à Jésus, car je suis trop petite pour monter le rude escalier de la perfection. (...) L'ascenseur qui doit m'élever jusqu'au Ciel, ce sont vos bras, ô Jésus ! Pour cela je n'ai pas besoin de grandir, au contraire il faut que je reste petite, que je le devienne de plus en plus. Ô mon Dieu, vous avez dépassé mon attente et je veux chanter vos miséricordes. »

Eh bien, je transpose tout de suite ces paroles à ce que je vis : l'ascenseur qui va me propulser, c'est l'Esprit-Saint ; la perfection sera de voir notre Père céleste dans la filiation parfaite et originale de Jésus, dans l'amitié parfaite. Sainte Thérèse me parle ainsi de la vie dans l'Esprit Saint. J'apprends ses écrits par cœur pendant mes années de formation.

« Ne crains pas, je viens à ton aide»

Après ma philosophie, j'arrive à Chevilly-Larue, en région parisienne. Je découvre là de très bons professeurs de théologie. Notre maison est aussi occupée par les Allemands et nos conditions de vie matérielles sont rudes. Le terrain de sport est en très mauvais état. Un jour, en jouant au basket, je me fais une grave blessure en- dessous du pied. Sur le moment, je n'y prête pas attention et continue à courir. Mais la plaie s'infecte rapidement. Le dévoué frère infirmier me soigne comme il peut, avec les moyens du bord. L'infection évolue et il craint qu'il ne faille m'amputer rapidement pour éviter le développement de l'infection ou une maladie grave comme le tétanos. J'occupe le lit de notre toute petite infirmerie. Les copains se relayent près de moi. Je reste alité pendant deux mois et demi, souffrant de cette infection. À l'hôpital de Thiais, les médecins essaient plusieurs remèdes, y compris des rayons, mais sans succès.

Mon copain Paul Libman a entendu parler du rayonnement

extraordinaire du père Daniel Brottier, un Spiritain français décédé le

28 février 1936. Ses proches, qui l'appelaient le « bon père Brottier », ont été témoins de son inlassable dévouement pour l'Œuvre des orphelins apprentis d'Auteuil qu'il redressa et développa. Juste après sa mort, des millions de petites images à son effigie ont été imprimées et diffusées dans le monde entier, et déjà des dizaines d'histoires de miracles obtenus par son intercession se répandent.

Paul parvient à obtenir une relique du père Brottier et me propose de la placer sur mon pied malade. Mais le frère infirmier verra-t-il d'un bon œil cette relique sur ma plaie ? J'en doute. Paul la cache donc entre mon bas et le pansement. Ainsi, elle n'est pas visible au premier coup d'œil. Nous prions tous les deux pour ma guérison en demandant au Seigneur ce miracle par l'intercession du père Brottier. Quand j'y repense, quelle sacrée audace a eue Paul !...

Cloué au lit, les journées sont bien longues. Je ne fais jamais la sieste (quelle idée, pour un jeune homme, de dormir pendant la journée !) Ce jour-là, pourtant, je m'assoupis quelques minutes. En reprenant mes esprits, je mets mon pied droit sain par terre, puis le gauche. Et là, je ne ressens plus cette horrible douleur… Pour bien m'en persuader, j'avance à nouveau mon pied sain, et, timidement, l'autre suit. Sans y croire encore vraiment, je fais ainsi le tour de la toute petite pièce de l'infirmerie. J'ouvre la porte et me risque dans l'escalier. Marche après marche, cramponné à la rampe, je fais à nouveau mes premiers pas d'homme valide. Ma main lâche progressivement la rampe. Je n'en ai plus besoin : je suis bien en appui sur mes deux pieds.

Pour en avoir vraiment le cœur net, je prends le chemin qui fait le tour de la propriété. Un long chemin de près de deux kilomètres. Tranquillement, je pose chaque pied, l'un après l'autre, bien à plat sur le sol. Chaque pas me semble être une victoire immense. Je savoure ce grand bonheur. Je suis guéri !

Il est plus de quatre heures lorsque je rentre. Les copains sortent de cours. Ils sont très étonnés de me voir debout ! À peine ai-je commencé à leur raconter le miracle que le frère infirmier, furieux de découvrir mon lit vide, passe la tête par la fenêtre de l'infirmerie et me somme de le rejoindre. Je me fais vertement insulter devant tous les copains… Assez penaud, je remonte

rapidement l'escalier. C'est l'heure du pansement. Il en-
lève chaque bande et les roule méthodiquement jusqu'à
ce que mon pied soit nu. Il ne croit pas à ma guérison.
Irrité par ce qu'il prend pour une mauvaise blague, il
inspecte mon autre pied. Il doit y avoir une erreur, une
farce derrière tout cela... Où est cette vilaine plaie qui
ne cessait d'empirer et devant laquelle il ne savait plus
quoi faire ? Il me lance : « Prenez vos affaires et partez ! »
Il est surpris et ému, certainement. Impressionné aussi.
Bien sûr, il a vu la relique, mais il ne m'en parle pas. Je
n'ai jamais revu ce frère par la suite.

Je ne peux me séparer de la petite image et de la relique.
Étienne,

le grand ami avec qui je partage ma chambre, est le
premier témoin

de cette guérison. Il inspecte mon pied de près. Mes or-
teils bougent correctement et il n'y a plus aucune trace
de plaie. Ma peau semble fragile et neuve comme celle
d'un bébé. Elle est un peu rouge à un endroit, certes,
mais je viens quand même de faire le tour du parc ! Je
tombe alors à genoux devant la table de notre chambre.
Les mains jointes serrant la petite image du père Brottier, je l'embrasse en pleurant. Quelle grâce incroyable !

Je viens d'être guéri avant même d'avoir demandé cette grâce ! Le Seigneur a devancé mon attente. Entre ses mains, je n'ai rien à craindre. Je remercie le père Brottier pour son intercession. Depuis ce jour, j'ai une relation toute particulière avec lui.

Le repas est servi. Étienne a mis mon couvert. Après deux mois d'infirmerie, je retrouve enfin la joie d'un repas communautaire. Les copains sont tellement heureux ! Le directeur, lui, ne bouge pas. Je crois qu'il ne s'est aperçu de rien...

Le lendemain est jour de sortie. En effet, nous avons de temps en temps des journées de récréation où nous pouvons aller nous promener à Paris en groupe. C'est notre grande joie. Nous avons même le droit de choisir les copains avec qui nous partirons. Nous savourons chaque minute de ces journées. Nous allons au cinéma, achetons des biscuits, faisons des pèlerinages, etc. C'est la grande liberté !

Nous partons donc après le petit déjeuner. Quinze kilomètres à pied, aller et retour. La journée est merveilleuse. Je suis si heureux d'être de la partie que je marche tranquillement, en oubliant presque mes récentes mésaventures au pied. Mais le soir, dans notre chambre, Étienne inspecte mon pied et le trouve écarlate ! À nouveau à genoux, serrant avec confiance ma petite image, je demande au père Brottier de faire en sorte que ma guérison soit totale. Nous nous endormons tout de suite, éreintés par cette belle journée. À mon réveil, Étienne inspecte à nouveau mon pied et s'exclame : « C'est de la couenne, Alphonse ! Plus aucune trace ! » Dans la nuit, la peau de mon pied est devenue aussi dure que l'autre. Des larmes de reconnaissance coulent sur mon visage.

Il faut quand même que j'avertisse mes supérieurs. Le directeur a toujours été très distant. Je crois qu'il ignore mon séjour à l'infirmerie. Je me risque à frapper à sa porte pour la première fois. Je sens tout de suite sa confiance lorsque je lui parle du miracle de ma guérison par l'intercession du père Brottier. Il ne remet pas en doute mes paroles, reste silencieux et me donne deux tickets de métro et deux tickets de bus afin que je puisse aller témoigner à Auteuil.

Quelques jours plus tard, me voilà donc à Auteuil, assis dans le petit salon qui jouxte le bureau du père Duval, l'aumônier général de l'Œuvre. Sur la chaise à côté de moi, un homme tient un bréviaire entre ses mains.

Comme notre attente se prolonge, nous échangeons. Son bréviaire m'intrigue. L'homme se livre. En fait, le père Duval lui a remis le bréviaire du père Brottier car sa fille de seize ans, atteinte d'une pleurésie, était au plus mal. Or, par l'intercession de ce bon père, sa fille vient d'être tout à fait guérie. Profondément heureux et reconnaissant, il vient rapporter le bréviaire et témoigner du miracle. Je rencontrerai plus tard cette jeune miraculée – devenue médecin – lorsque je serai dans l'équipe de travail pour la cause de béatification du père Brottier. Le père Duval, à qui les récits de miracles ne cessent de parvenir, recueille avec attention mon témoignage.

Pendant ce temps-là, la guerre continue. Je suis réquisitionné par

le Service du travail obligatoire (STO) instauré par le régime de Vichy en collaboration avec l'occupant allemand. Je dois rejoindre les usines d'armement. Pour moi, fabriquer des armes qui serviront à tuer mes compatriotes combattant dans l'armée du général de Lattre de Tassigny est absolument inenvisageable. Mes deux propres frères combattent d'ailleurs dans cette armée. Je dois donc fuir. Mais où trouver refuge ? Comme je n'ai pas de famille en métropole, je réponds à la demande de la famille Turcry, qui habite à Audruicq, près de Calais, et cherche un précepteur. Ils seront mes protecteurs.

J'instruis les quatre enfants, très agréables et bien élevés, âgés de dix à quatorze ans. Leur père est prisonnier en Allemagne et leur maman ne chôme pas, avec cette petite troupe et le feldwebel allemand pas commode du tout qui occupe sa maison. Ce militaire organise les travaux du bord de mer. Ma chambre est juste à côté de la sienne. Il ignore, bien sûr, que je suis un réfractaire au STO. Et j'ai enlevé ma soutane. Quand je sens la menace s'appesantir davantage sur moi, je pars chez la grand-mère des quatre enfants pour me faire oublier quelque temps.

Toute cette famille prend de grands risques pour moi. Je lui en suis très reconnaissant et garde un souvenir très ému de chacun de ses membres. Alors que je n'ai quasiment aucun papier, jamais la maman ne me pose de questions. Je crois qu'elle connaît ma situation, mais nous n'en parlons jamais. Ils m'acceptent comme je suis. Ils sont charmants. Ils donnent un magnifique exemple de solidarité en ces temps d'épreuve.

À la fin de la guerre, je suis revenu chez eux célébrer ma première messe. Le mari était rentré de captivité. Ce couple de musiciens, diplômés chacun du conservatoire de musique de Calais, a organisé un magnifique concert familial en mon honneur. Les habitants du village étaient tous présents pour cette première messe. À la fin de la célébration, le curé, ce cher chanoine Catoire, a remercié Dieu en mon nom, avec sa grande éloquence. Les rues et l'église étaient décorées. Tout le village m'a manifesté son affection. Pour moi qui étais loin des miens, ces manifestations d'attachement et de tendresse m'ont touché profondément.

Après trois années d'études de théologie, je vais enfin être ordonné prêtre. À l'époque, il faut avoir vingt-quatre ans pour être ordonné. Comme il me manque deux mois, je demande une dispense, qui m'est accordée.

Mon ami, le père Laurent Mazurié, est mort l'année précédente, tué par un soldat allemand d'une balle dans la tête, boulevard Stalingrad. Il est demeuré un héros pour la ville de Chevilly-Larue.

La rue de notre séminaire porte son nom. Mes deux frères engagés dans l'armée du général de Lattre de Tassigny en Alsace ont eu une permission pour venir

54 HUGO BALLOUHEY

à mon ordination. Ils font la route assez vite, en stop, mais malheureusement ils arriveront le lendemain de l'ordination.

Le jour de l'ordination, le 8 juillet 1945, les vingt-cinq ordinands sont entourés de proches, même mon grand ami Lucien Deiss. Quant à moi, aucun membre de ma famille n'est présent pour ce grand moment. Mais j'ai offert à Jésus depuis longtemps ce sacrifice d'être loin des miens. Je passe inaperçu, tant mieux. Je deviens prêtre pour toujours ! Pour moi, cela importe plus que tout.

Pendant que mes confrères font la fête, je retourne dans notre grande chapelle, à l'endroit même où je viens d'être ordonné. C'est comme si toute ma vie aboutissait à cet endroit. Ce n'est pas ce que j'ai voulu, c'est ce que Jésus a voulu pour moi. C'est lui qui m'a pris par la main, tout petit, et qui m'a emmené jusque-là. Mon cœur déborde de reconnaissance et de joie. Je jubile avec Jésus et laisse éclater ma louange.

J'aime retourner à cet endroit précis. À chaque fois que je le fais, je remercie Dieu pour ma vie. Le soir, je dis mon chapelet, tourné vers ce vitrail, en louant ma Mère, la Vierge Marie. Au noviciat, j'ai rencontré intimement le Père et l'Esprit Saint, avec l'ascenseur de Thérèse. Le mystère trinitaire est très clair pour moi, et ma vocation se situe au cœur même de ce lien. Uni au Seigneur Jésus, par l'Esprit, uni au Père. « En effet, tous ceux qui se laissent conduire par l'Esprit de Dieu, ceux-là sont fils de Dieu. » Ma vocation et toute ma vie se résument dans ces mots.

Le père Laurent, alors supérieur provincial de la communauté, me fait un beau cadeau d'ordination. Il a bien vu ma solitude et a décidé de me gâter avant mon départ. Il faut dire que j'ai une relation particulière avec lui, car je suis son coiffeur ! Pendant que je lui coupe les cheveux avec soin, il reçoit des personnes venues se confier à lui. Je suis tenu au secret, bien sûr. Je crois qu'il a su quelque chose de mon histoire sans que j'aie eu à la lui raconter. Il a

dû l'apprendre par d'autres, j'imagine. En tout cas, il m'offre ce cadeau pour me remercier de ma présence parmi eux durant tant d'années. Mais que peut bien contenir cette magnifique valise qu'il me tend ? Tout, absolument tout le nécessaire pour la messe ! Même le vin et les hosties. Une chapelle portative… Quel incroyable cadeau ! Ma seule hantise de jeune prêtre était justement de ne pas pouvoir célébrer la messe. Je suis donc rassuré.

L'arrivée de mes deux frères, le lendemain de l'ordination, est un très joyeux moment. Après toutes ces années, quel bonheur de se retrouver ! Ils restent deux ou trois jours, puis doivent rejoindre l'armée pour embarquer à Marseille sur un bateau de guerre rempli de soldats canadiens qui les déposera à Saint-Pierre. Je peux me joindre à eux et au contingent saint-pierrais, me disent-ils. Mes frères et moi nous rendons au ministère des armées pour faire viser mes papiers. Tout est en règle. Je suis autorisé à embarquer. Je pars donc pour Marseille (sans oublier ma belle chapelle portative, bien sûr !).

Malheureusement, à la suite d'un accident, le bateau n'est plus en mesure d'embarquer le contingent. Tous les passagers doivent remonter vers Cherbourg. Sur les conseils de mes frères, je reste à Marseille, seul à nouveau. Le soir, je rejoins la petite maison des Spiritains où je suis accueilli par trois prêtres âgés. Ils ouvrent bien volontiers leur maison et leur table au tout jeune confrère que je suis. Après toutes ces années de guerre, le ravitaillement est compliqué. Les tickets d'alimentation sont très restrictifs. Eux aussi sont rationnés, et je ne peux les priver. Je décide donc de quitter leur maison et de me mettre en quête d'un bateau qui pourra me ramener dans mon petit pays.

Je me nourris comme je peux. Heureusement, c'est l'époque des figues. Je traîne sur les quais du port. Le Duguay-Trouin, un grand chalutier, est à quai. Une soixantaine d'hommes s'affairent pour préparer l'embarcation. La Providence met sur mon chemin le père Jacques Loew, fondateur des prêtres ouvriers. Il m'introduit dans l'équipage. Le départ pour les Bancs de Terre-Neuve approche et

tout manque encore : cirés, bottes, etc. Comment partir sans équipement ? En outre, immobilisé pendant les quatre années de guerre, le bateau nécessite un sacré travail de remise en état avant de pouvoir appareiller. Je me présente au capitaine à bord comme fils de marin souhaitant rejoindre sa famille après neuf ans d'éloignement. Je suis un tout jeune prêtre de dix jours prêt à travailler pour rendre service et payer sa traversée. La compagnie parisienne lui donne le feu vert et je peux embarquer. Je ne fais pas partie de l'équipage officiel, mais il accepte de me garder à bord. C'est ainsi que les marins, interloqués, voient monter à bord de leur chalutier un curé en soutane, avec deux valises...

Chapitre 3

Prêtre parmi les marins

Assis sur le banc devant le poste de douane, vêtu de ma soutane, je me fais rapidement adopter par les marins du Duguay-Trouin. Ils sont agréablement surpris de me voir me mettre au même régime qu'eux. Pendant sept jours, nous attendons ensemble les bottes, les cirés et tout le matériel en provenance de Bretagne. C'est l'occasion de faire connaissance et de nous apprivoiser tranquillement. Même le délégué de bord, que l'on appelle le chef du syndicat – plutôt rouge, il faut le dire ! – m'adopte sans difficulté. En effet, je mange à la table de l'équipage, et non à celle du capitaine. Ce dernier ne m'en veut pas du tout, d'ailleurs ; c'est un homme de cœur. Le second et le mécanicien, en revanche, me regardent vraiment de travers...

J'occupe un hamac pendu au milieu de ceux des marins. J'ai rangé mes deux précieuses valises en sécurité. Le premier soir, j'accompagne les hommes de l'équipage au bistro du port. Comme il fallait s'y attendre, ils sortent de là complètement ivres… Il fait nuit noire sur le port. Une étroite planche sert de passerelle pour monter à bord. Je décide de me tenir au bord du quai et d'aider chacun à traverser, en priant pour que personne ne tombe à l'eau. Ils sont dans un triste état ! Le lendemain soir, ils me proposent à nouveau de les accompagner. J'accepte, mais cette fois je pose clairement les règles : pas plus d'un verre par personne, sinon ce sera sans moi ! Nous passons une merveilleuse soirée à jouer aux cartes, à chanter et à nous amuser ! Nous occupons ainsi toutes nos soirées jusqu'à notre départ pour Gibraltar.

À Gibraltar, un prêtre espagnol monte à bord, escorté de gendarmes. Il demande au capitaine : « Où est le prêtre que vous retenez prisonnier ? » On vient me chercher et on m'amène auprès de lui. Je lui réponds : « Rassurez-vous, je ne suis pas prisonnier ! Je rentre dans ma famille. » Cette situation cocasse m'amuse. En latin (!), je tente de lui expliquer mon histoire. Comme nous devons faire escale deux ou trois heures pour régler des histoires de

papiers, j'en profite pour m'échapper un peu avec lui. Ce prêtre, secrétaire de l'évêque, m'apprend qu'il a été dépêché pour venir me

« sauver ». Il m'invite à sa table et nous passons un moment délicieux ensemble. Mais je suis heureux de remonter à bord, quelques heures plus tard. Heureux aussi de retrouver mes marins et de leur rapporter une bouteille de málaga, ce délicieux vin du pays.

Nous voici à présent en haute mer. Dès que la météo le permet, je célèbre la messe, tout seul dans un coin. Un dimanche matin, je suis surpris par un tapage in-habituel, comme si les hommes déplaçaient des ton-neaux ou des grosses caisses, alors que nous sommes en pleine mer… Un des marins me lance : « Regarde, curé ! Nous t'avons fabriqué un autel pour la messe ! » Stupeur. Ils veulent que je monte sur leur installation de fortune et que je célèbre là-haut ! Tous les marins sont là. Je ne peux pas refuser. Le second et le mécani-cien m'épient de loin. Le capitaine est à la timonerie. Plein d'appréhension, j'escalade les planches placées en équilibre sur les barriques d'essence, ma chapelle portative à la main. La houle menace d'envoyer à tout instant mon matériel si précieux au fond de l'océan, et moi avec ! Je supplie Jésus pour ma chapelle.

Ce jour-là, je célèbre ma première messe devant une assemblée. À toute allure. Sans homélie. Je souhaite descendre de cette installation au plus vite !

Quand je le fais enfin, les marins sont mécontents. Je le lis sur leur visage. « Une messe sans sermon ni quête, curé ? Ce n'est pas une messe ! » me disent-ils. Alors, je leur ouvre mon cœur. Je leur dis :

« Mes chers amis, Dieu vous bénit en ce jour et vous re-mercie d'avoir désiré l'Eucharistie. Vous êtes ses grands amis. Les disciples de Jésus n'étaient-ils pas des marins comme vous ? Oui, Jésus connaît les peines de votre dur labeur. Il vous rejoint au cœur même de votre souf-france pour lier une relation privilégiée avec chacun de vous à bord. »

Tous sont très émus. Ils retirent leurs casquettes en signe de recueillement. Je connais un peu les marins. Mon père a les mêmes

mains calleuses et usées par le travail. À travers mes paroles, Dieu touche leurs cœurs ce matin-là. Pour la quête, je propose à mon voisin, qui a ôté sa casquette, de passer au milieu des gens. De l'avis général, nous donnons la somme récoltée à un marin qui se tient caché dans le coin, derrière les caisses. Il est malheureux car il pense à sa petite fille décédée avant son départ et à sa femme qu'il a dû laisser souffrante. Il n'a pas de nouvelles et se désespère. Ce n'est certainement pas une grande quête mais la fraternité de ces soixante hommes m'édifie. Cette matinée est le départ d'une solide amitié. Je vis à bord ma première mission de prêtre !

Nos dix jours de traversée sont ponctués de riches échanges. Je vois les photos des mariages, des enfants, ou encore des premières communions. Je m'émerveille devant chaque tête blonde et j'y trouve des ressemblances avec le père, ce qui réjouit le cœur de ces marins. Leur famille est leur seule attache et leur raison d'être. Les photos jaunies et froissées qu'ils me montrent ont pour eux une valeur infinie. En me les partageant, ils me manifestent leur confiance, et cela me touche profondément.

Un soir, vers vingt-et-une heure, nous arrivons enfin sur les Grands Bancs de Terre-Neuve. Le capitaine décide de s'arrêter, l'ancre est jetée. Pourquoi ici ? Je n'en sais rien. Mais il est fin connaisseur. Il crie : « Chalut, toute ! » Le chalut, un filet de cinquante à soixante mètres de long, est jeté à la mer pour la première fois. Il est traîné le long du bord du chalutier et racle le fond de l'océan pendant quatre heures. Dans une périlleuse manœuvre, il est ensuite hissé à bord. Comme il est très lourd, il se balance dangereusement et fait gîter le bateau...

Il y a quatre ans que ces hommes ne sont pas sortis en mer. Ils rêvaient donc d'une pêche miraculeuse, et on les comprend car c'est leur avenir qui se joue. Il est une heure du matin quand le chalut est ouvert. Et là, une déferlante de morue tombe sur nous !... Des poissons énormes ! Je n'ai jamais vu cela. Dans la nuit, nous

distinguons la figure du capitaine dans la timonerie, éclairée par une toute petite lumière à côté de lui. Il crie :

« On a un curé avec nous, on est vernis ! » Et tous de reprendre en chœur :

« Vive le curé ! »

Je ne pourrai jamais oublier cette scène. Je me réjouis avec eux de cette profusion de poissons. Nous sommes au bon endroit sur le Banc, c'est certain ! Toutes les quatre heures, nous refaisons la même opération, et à chaque fois nous prenons la même quantité de poissons. Fabuleux ! Les marins travaillent quasiment sans s'arrêter. Il fait très beau. Le capitaine veut pêcher le plus possible.

Le deuxième ou le troisième jour, le chef du syndicat vient me trouver. Il m'a peu adressé la parole auparavant et ne connait même pas mon nom. Sa fonction lui donne le droit d'avoir une petite cabine. Après concertation avec les marins, il a décidé de me la donner. Quel cadeau ! Les marins m'expriment ainsi leur gratitude et leur reconnaissance. Tout de suite je pense qu'il me sera ainsi plus facile de célébrer la messe et d'accueillir les hommes pour recevoir leurs confidences et les confesser.

Cette petite cabine, qui contient un lit, une toute petite table et une chaise devient mon premier presbytère ! Les marins sont très heureux, fiers aussi, de me faire cette faveur. Il y a une ambiance du tonnerre ! J'aime dormir au milieu des hommes, dans les hamacs, je ne recherche pas de confort supplémentaire, mais je me réjouis de pouvoir ainsi exercer mon ministère. C'est dans cette cabine du chef du syndicat que j'entends mes premières confessions.

J'aide à collecter le poisson, à le saler et à le ranger dans les cales. Ce travail nécessite un soin minutieux si l'on veut que le poisson se conserve et que l'on puisse en entasser le plus possible. Pour bien étaler le sel avec la fourche, il y a un coup de main à prendre. À présent que j'ai gagné la confiance du responsable des marins, il ose me dire que je ne sais pas manier la fourche. « Les marins sont obligés de refaire le travail après toi, me dit-il. Alors je te propose un

marché : nous faisons le boulot, et toi, tu reprends ton livre et tu te promènes au milieu de nous, comme tu le faisais pendant la traversée. » Ce « livre » dont il parle, c'est mon bréviaire... Chacun son rôle donc ! Je prierai le bréviaire pour eux – sans oublier mon temps d'oraison personnelle dans ma petite cabine – tandis qu'ils manieront la fourche.

Au nom de tous, un marin me confie combien il se sent aimé et compris. Eux qui sont si souvent exploités, ils sont touchés de voir que je veux prendre part à leur labeur. Ils souhaitent me revoir à bord. Un autre marin, âgé d'une vingtaine d'années seulement, découvre sa vocation en m'observant pendant toute la traversée. Il me fait à l'oreille cette magnifique confidence, que je n'ai jamais oubliée : « Un vrai prêtre aime les gens et se dévoue pour eux. » Il m'a vu prier, soigner et consoler, et il se sent appelé lui aussi. « Un prêtre, c'est Dieu qui vient vers les hommes », me confie-t-il. Quelle magnifique définition !

Pendant deux mois, nous ne bougeons quasiment pas. Les marins sont éreintés. La campagne est magnifique et très rapide. Les cales sont pleines. Un soir, le capitaine annonce la fin de la pêche et le retour en métropole. Tout le monde jubile à l'idée du retour, et aussi de la bonne paie. L'heure de notre séparation approche. J'ai imaginé trouver un bateau qui m'amènerait à Saint-Pierre-et-Miquelon pendant les temps morts, mais il n'y en a pas eu un seul.

Le radio du bord – c'est le marin responsable des liaisons – m'aide à trouver un bateau pour regagner Saint-Pierre. Il est en contact avec tous les bateaux avoisinants, mais il se garde bien de leur raconter notre pêche fantastique, sinon tous arriveraient ! Il raconte, au contraire, qu'il n'y a pas de poisson, que la campagne est difficile, etc. Il entend parler d'un chalutier qui

doit refaire du charbon à Saint- Pierre la semaine suivante. Ce bateau-là, en revanche, il l'appâte en parlant
de l'incroyable pêche que nous avons faite. Dans une
semaine, je serai avec les miens...

Le lendemain matin, la mer est d'huile et le soleil re-
splendissant. Le Joseph-Duhamel arrive à notre hauteur. Les marins mettent à l'eau

un petit doris pour venir me chercher. Les deux jeunes
qui rament ont la délicatesse de me placer de telle
sorte que je puisse voir les hommes de mon premier
équipage, alignés le long du bastingage. Ils me regardent partir, le cœur serré. Ils sont éblouis par un fort
rayon de soleil. Ils ont ôté leur casquette. Des larmes
coulent sur leurs joues burinées. Dans le silence de
leur regard franc, j'entends leur gratitude. Je ne pourrai
oublier ces soixante hommes. L'aventure vécue avec
eux a été un moment extrêmement important de mon
sacerdoce. Je rends grâce encore pour ce temps béni.

À bord du Joseph-Duhamel, je suis un inconnu. Le capitaine me regarde de travers. Il a dû se sentir obligé
de me prendre... En plus, je suis bien chargé. On me
donne un petit coin pour dormir et poser mes valises.
En prenant le café avec l'équipage, je découvre qu'ils

versent un petit verre d'alcool aux douze mousses, âgés de 12 à 15 ans, afin de leur donner de l'énergie pour la journée. Bien sûr, les jeunes n'aiment pas cela. Ils préféreraient un bon verre de lait. J'ai le malheur de le dire...

La pêche est bonne, mais comme le bateau n'a plus de charbon, il doit rejoindre le port de Saint-Pierre. Le radio du bord envoie pour moi un message à ma famille pour les prévenir de mon arrivée.

Vers quatre heures du matin, nous arrivons au large de Saint- Pierre. Interdiction d'entrer en rade dans l'obscurité : avec ces énormes bateaux, c'est bien trop dangereux.

Joie des retrouvailles familiales

Mais... qui est cet homme que j'aperçois dans le carré, avec le commandant ?

« Tu ne me reconnais pas ? », dit-il en se tournant vers moi. Au son de sa voix, mon cœur bondit de joie... C'est mon père ! Averti de mon arrivée, il est venu au-devant du bateau. Il a attaché son petit doris à notre gros navire et s'est hissé à bord au moyen d'une corde. En pleine nuit, mon père est venu à ma rencontre ! Il ne m'a pas fait chercher tout de suite. Il voulait d'abord m'observer de loin, voir quel homme j'étais devenu, comment je parlais... En somme, s'assurer que j'étais bien le même.

Ses cheveux noirs d'il y a neuf ans sont maintenant poivre et sel. Je me jette dans ses bras. Mes joues contre les siennes, mes larmes mêlées aux siennes, en silence, nous nous étreignons. Nous passons ces deux heures d'attente dans les bras l'un de l'autre. Les hommes nous regardent et sont touchés de tant d'amour.

Sur le quai, toute la famille et les amis sont réunis. C'est la fête ! Et elle durera un mois et demi. La fête des retrouvailles, ma fête et la fête du sacerdoce en même temps !

Ma première messe sur l'île est un grand moment de joie. Le dimanche matin, mon père m'attend dans le salon. Je dors en haut, comme lorsque j'étais enfant. Il a mis sa belle chemise blanche, celle qu'il réserve pour les grandes occasions, et une cravate. Il souhaite se confesser avant la messe. Je ferme la porte du salon. Je suis assis sur le fameux canapé vert, à la même place que lorsque, à douze ans, je lui ai partagé mon désir d'être prêtre. Papa est agenouillé en face de moi, les mains posées sur mes genoux. Sa tête est ainsi à la hauteur de la mienne. Il se confesse en me regardant dans les yeux. C'est très impressionnant. Papa a toujours été tellement direct, tellement vrai...

« Un prêtre selon mon cœur »

Pendant que le bateau charbonne, je retourne à bord du Joseph- Duhamel pour remercier le capitaine et lui demander la permission d'organiser une sortie pour les petits mousses. Réticent au départ, il décide de me faire confiance. Je lui promets qu'ils remonteront tous à bord à l'heure dite. Lui craint qu'ils ne s'échappent ou ne deviennent fous à la vue des jeunes Saint-Pierraises...

Mais les mousses m'accompagnent sagement jusque chez mes parents. Maman leur prépare une collation incroyable qu'ils dévorent à belles dents... Ils sont si contents ! Mes proches viennent les embrasser, échanger et jouer avec eux. Le temps d'une après-midi, ils retrouvent la chaleur d'une famille et se sentent chez eux. Je leur fais toute confiance. Ils sortent et nous jouons dehors. Sur le chemin du retour au port, j'ai gagné leur confiance. Ils m'ouvrent alors leur cœur et me questionnent sur ma vocation. Quand j'avais leur âge, Jésus m'a appelé, dans mon cœur, à devenir prêtre, et voilà que maintenant c'est fait ! J'ai renoncé à épouser une de ces jolies jeunes filles de l'île qui attirent leur attention le long du chemin. Ils sont touchés par l'amitié et la proximité que je leur ai manifestée à bord, au cours de notre semaine ensemble. Je leur explique qu'à travers moi, c'est Jésus qui les aime. Ces jeunes mousses remontent à bord le soir, tous sans exception. Il n'y a eu aucun incident.

Ces premières expériences, tant avec les hommes du Duguay-

Trouin qu'avec les mousses du Joseph-Duhamel, ont orienté ma manière de vivre mon sacerdoce. Je désire ardemment être un prêtre selon le cœur de Jésus, embrasé par le Saint-Esprit. J'ai appris de ces équipages plus que de toutes les conférences des plus éminents professeurs. Je vais conduire ma pédagogie de manière radicalement différente. Au séminaire, j'étais « Monsieur Gilbert ». Pourquoi ces prêtres formateurs avaient-ils peur de se rapprocher de leurs élèves et de nous appeler par notre prénom ? Je n'ai jamais compris. En tout cas, l'Esprit Saint, dans ces équipages,

m'a inspiré une méthode pastorale toute différente. Elle consiste à d'abord aimer ceux qui m'entourent. À aller vers eux et à les connaître personnellement. Inutile de commencer par des réflexions savantes et des grandes idées, non : d'abord se faire proche et être bon avec chacun.

Première nomination

Un télégramme en provenance de la province spiritaine du Canada arrive au presbytère de Saint-Pierre. « Père Gilbert, vous avez passé avec distinction les examens universitaires. Veuillez regagner immédiatement Montréal. » Je ne comprends pas bien pourquoi, mais je me mets en route rapidement vers le Canada, par le bateau, puis par le train.

En chemin, c'est par hasard que j'apprends ma première nomination... Les Spiritains ont une belle petite paroisse à Lac-au- Saumon, ville située à mi-distance entre Rimouski et Matapédia. Je décide d'y faire halte. J'ai le temps de prier dans la chapelle avant que mes confrères ne rentrent. Un quart d'heure avant le repas, je m'arrête dans la petite salle qui jouxte la salle à manger. Quelques revues sont disposées sur une table basse. Machinalement, je feuillette celle du Collège Saint-Alexandre d'Ottawa, célèbre institution de notre congrégation. Et là, quelle surprise en lisant sur la première page : « Nous avons la joie d'annoncer à toute la province du Canada que le père Gilbert est nommé définitivement dans notre province. »

C'est un choc. Nommé définitivement dans la province du Canada ? Cela me semble inimaginable. Moi, comme tous les copains de Chevilly, j'attendais ma première mission à l'étranger ! J'ai tellement espéré être envoyé évangéliser un lointain pays ! Cette nouvelle est aux antipodes de ce que j'ai imaginé. Je fais aussitôt demi-tour, retourne à la chapelle et m'effondre en larmes devant le tabernacle. Non, vraiment, je ne pouvais pas envisager pareille affectation... Je pleure, pleure, pleure devant Jésus. Je ne suis pas en colère, je suis simplement effondré.

Ce torrent de larmes emporte ma première émotion. L'eau du lavabo rafraîchit mes yeux rougis par le chagrin et me rend présentable pour partager le repas avec mes confrères. Je ne leur dis rien. J'ai le temps ensuite, pendant les longues heures de train jusqu'à Montréal, puis Ottawa, de parler au Seigneur. L'émotion de

la surprise est un peu passée. Jésus me console. Oui, je vais obéir, comme je l'ai promis lors de mon ordination. Obéir et confier cette mission au Père, en m'abandonnant à sa volonté. Obéissance et abandon : ce sera toujours ma voie. Je dis à Dieu : « Père bien- aimé, j'obéis. Tu pourvoiras. » Tranquillement, mon cœur retrouve la paix.

J'arrive donc au fameux Collège Saint-Alexandre. C'est une très grande et belle institution. L'imposant escalier d'entrée m'impressionne… Le Père supérieur, pressé, m'accueille en deux minutes, juste le temps de m'avertir que, dans une heure à peine, je serai responsable des petites classes. Il m'indique le bâtiment dans lequel je vais loger. En me promenant seul dans les couloirs, je vois mon nom sur la porte. J'entre et pose mes valises.

Je comprends vite pourquoi on m'a confié la classe des cinquièmes… Ils sont si turbulents que personne n'en veut ! Les papiers volent dans tous les sens et des élastiques, des boulettes mouillées et tout un tas de détritus en tout genre jonchent le sol. Il règne dans la salle un désordre qui donne le tournis…

Je reste immobile sur le pas de la porte, mes livres sous le bras. L'agitation cesse progressivement. Le silence se fait. Les élèves se lancent des regards mi-gênés, mi-complices. Vont-ils pouvoir continuer à mettre le bazar et m'infliger le même traitement qu'à mes prédécesseurs ? Le doute plane un instant.

Je prie pour savoir comment les prendre. Je les avertis que je ne hausserai pas le ton, mais que je ne mettrai pas un seul pied dans une classe aussi sale. Penauds, ils prennent des balais et ramassent tout. Je leur apprends ensuite à accueillir leur professeur debout et en silence. Les règles ainsi posées, nous passons une très belle après-midi. À partir de ce moment, je n'aurai plus une seule difficulté avec eux. Ils deviendront même mes grands amis.

La mission à l'étranger continue de me tarauder. Gentiment, le supérieur me dit que comme je suis très jeune, il me voit bien rester trois années avec eux et partir ensuite. Mais après mes trois

premières années au Collège Saint-Alexandre, voilà qu'il est nommé ailleurs et que son successeur ne veut absolument pas se séparer de moi... Cela me permet de faire un acte d'obéissance pur, tout en confiant à Jésus, bien sûr, mon désir de mission au loin.

Finalement, je passerai les quinze premières années de mon ministère à enseigner. Peu à peu, le Supérieur me confie les grandes classes en Lettres. J'enseigne le Français, le latin, le grec et la littérature canadienne. Je deviens aussi président de commission de correction du baccalauréat littéraire à Québec.

Une grande confiance s'établit avec mes élèves. J'ai l'habitude de les recevoir le soir. Ils viennent frapper à la porte de mon bureau pour me confier leurs peines et leurs questions. Nous faisons beaucoup de sport et de promenades ensemble. C'est ma pédagogie : être avec eux toujours. Je ne me braque pas sur leurs défauts. Avec beaucoup de patience, je vois de nombreux jeunes s'améliorer tout doucement.

À côté de mon rôle d'enseignant, je joue au tennis et au hockey avec mes élèves. Je mets aussi en place une troupe de théâtre, des équipes d'action catholique, des congrégations mariales, et surtout un accompagnement spirituel personnel.

Pendant mes années de mission au collège Saint-Alexandre d'Ottawa, plusieurs ministères me sont confiés à Montréal, le week-end, notamment à la demande de l'archevêque, le cardinal Léger. C'est ainsi que j'anime des rencontres de chefs scouts de tout le Québec, des rencontres d'Action catholique, la JEC (Jeunesse étudiante catholique), etc. Je corrige mes copies dans le train : deux heures à l'aller, deux heures au retour, c'est parfait ! Le cardinal me donne gentiment une chambre à côté de la sienne. Je prends mon petit-déjeuner en tête à tête avec lui. Nous avons des échanges très profonds.

Mission chez les Algonquins

Pendant ces quinze années de mission au Canada, on me confie aussi le soin pastoral de ce grand peuple amérindien que sont les Algonquins. En effet, le père oblat qui assurait ce service depuis fort longtemps est trop âgé pour continuer.

Je rejoins très régulièrement les Algonquins le week-end et

pendant mes vacances. Le train me dépose dans la dernière gare, à l'orée de la forêt. J'emprunte ensuite le sentier à travers le bois jusqu'au premier lac. Un canoë m'y attend. Je traverse le lac et continue mon chemin sur le sentier jusqu'au lac suivant, en portant le canoë sur la tête. Et ainsi de suite jusqu'au septième lac... C'est l'aventure !

Un jour, je tombe sur une ourse qui se promène avec ses petits. Je suis seul au milieu de la nature immense. Que faire ? Crier ? Inutile, personne ne m'entendra.

Monter dans un arbre ? Elle m'attrapera et ne fera qu'une bouchée de moi. Je n'ai qu'une seule option : me jeter à l'eau. Je rentre donc tout habillé dans le lac glacé et longe la berge, mon embarcation sur la tête. Quelle frayeur !

Au bout de cet épique parcours, on vient me chercher. Mais comme les Algonquins vivent à l'heure du soleil, je les attends souvent des heures au point du rendez-vous, en égrenant mon chapelet. J'ai peur.

« Voilà le petit père à nous autres ! » disent-ils en m'apercevant. Nos retrouvailles sont toujours émouvantes. J'aime beaucoup cette mission. Je suis très heureux parmi les Algonquins. Ils sont mon peuple, je suis leur berger. Le père oblat a construit une petite école et je continue à assurer l'instruction des enfants. Je visite les familles, je baptise les enfants et je marie les jeunes.

Lorsque la neige commence à tomber, les Algonquins migrent vers des lieux plus favorables. Un jour, alors que je fais la classe aux enfants, il se met à neiger. En deux secondes, il n'y a plus personne dans la salle... Ils ont tous filé pour rejoindre leur hivernage !

Ce grand peuple si proche de la nature m'offre une merveilleuse bouffée d'oxygène.

On demande un missionnaire pour la Guinée

Un jour, dans la salle à manger de la communauté, je vois sur le panneau d'affichage une lettre signée du Supérieur général. Il y confie les grandes difficultés de la mission de Guinée. Le séminaire vient d'être nationalisé par le président Sékou Touré, comme d'ailleurs toutes les écoles catholiques du pays. Les enseignants ont été renvoyés. Notre maison est occupée et tout a été pillé. La Congrégation cherche un volontaire capable d'ouvrir un séminaire clandestin (dans un premier temps), qui ait une expérience d'éducateur et soit capable d'enseigner à tous les niveaux.

Cette lettre m'est destinée, c'est évident ! Je me sens qualifié pour cette mission. Le jour même, je prends ma belle plume et envoie au Supérieur Général une lettre où je lui fais part de ma disponibilité. Je lui écris directement car c'est la procédure habituelle dans la Congrégation ; ensuite, généralement, le Supérieur général et les Supérieurs locaux se concertent.

« Merci beaucoup. Vous êtes l'homme préparé par le Seigneur pour cette mission. Partez le plus vite possible. » Telle est la réponse du Supérieur général. Je file chez le Provincial avec cette réponse. Il est beaucoup moins pressé et enthousiaste… Il m'explique que la province du Canada a une manière particulière de prendre les décisions communautaires : les confrères se réunissent d'abord et votent. Il organise donc un grand repas et invite tous les confrères. C'est un moment très fraternel. En fin de soirée, le fameux vote a lieu. Le Provincial lit la lettre du Supérieur général et propose ma candidature. Tous sont contre. Il n'y a pas une seule voix pour ! Mon sort est donc réglé : je resterai pour l'instant au Canada.

En réalité, dès que le Provincial a eu vent de ma candidature, et avant même d'organiser ce vote, il a s'est mis en quête de quelqu'un pour me remplacer. En effet, comme j'occupe une place importante dans les différents services du lycée et que j'enseigne des matières incontournables pour les examens de la fin de l'année, il n'est pas envisageable que les cours s'interrompent. Il a trouvé quelqu'un.

Mais la réponse du Supérieur général à la décision de la province tarde beaucoup (il pense que la province reviendra sur son vote). Deux mois ! J'attends sa réponse pendant deux mois ! Je ne vis plus au collège – j'ai été remplacé –, mais à la maison provinciale. Je ne fais plus partie du staff du collège. Occasionnellement, je rends des petits services. On me raconte tout ce qui se passe là-bas, comment les choses marchent. Et elles marchent très bien ! Moi qui suis habitué à être si actif, je n'ai désormais plus grand-chose à faire. Je suis quasiment désœuvré. Cette situation me met dans une position très inconfortable vis-à-vis de mes confrères car je ne suis plus d'ici, et pourtant je suis encore avec eux. Mes parents, quant à eux, n'ont même pas mon adresse. Bref, je vis comme dans un no man's land. Je reçois des appels des confrères de Montréal qui veulent me confier des missions, mais je décline, ne sachant pas quelle sera la décision du Supérieur général. Ces deux mois d'octobre et de novembre sont très pénibles à vivre.

Nuit de l'esprit

Rétrospectivement, j'ai compris que cette période avait été très importante pour moi. Le Seigneur a voulu me faire passer par l'épreuve. Saint Bernard parle d'une nuit qui fait passer l'âme au- delà des sens, au-delà de l'esprit. Un appel à l'infini au cœur même de la ténèbre. Je suis assez peu formé sur les étapes de la vie spirituelle. Je connais davantage les débuts de la vie d'union à Jésus et j'accompagne beaucoup de personnes sur ce chemin. Je sais qu'après une première purification, l'âme entretient une vie plus intime avec Dieu. Je sais qu'elle vit ensuite des purifications successives. Mais jamais je n'ai entendu parler d'un telle expérience de désert spirituel.

Je souffre intérieurement. Je continue à faire oraison, comme à mon habitude, mais je traverse une période plus qu'aride. J'expérimente l'absence. « Ma nourriture, c'est de faire la volonté de mon Père ». Ce verset de l'évangile m'habite. Oui, je désire ce que Dieu veut de moi. Mais je ne comprends pas ce qui se passe.

Au cœur de cette épreuve, cependant, je sais que je suis entre les mains d'un Père plein de tendresse, notre Abba. Je ne sais pas ce que je vais devenir, mais je sais que je lui appartiens. Ma volonté est ancrée dans son cœur. Elle est sienne. Même si je ne vois plus le chemin, je reste à ses côtés et je continue à lui faire confiance. Maintenant, je dis volontiers que la confiance est la mainmise de l'homme sur la toute-puissance de Dieu.

Un après-midi, en flânant dans la petite bibliothèque de notre maison provinciale, je tombe sur Les Noces spirituelles, le livre de Ruysbroeck. Je l'ouvre et, comme à mon habitude, je commence à le lire par la fin. Je fais toujours ainsi pour voir ce qu'il y a dans un livre ; si ce n'est pas bon, je ne vais pas plus loin, cela me dispense ainsi de tout lire ! Or, en lisant les dernières pages, je trouve l'exacte description de ce que je suis en train de vivre. Je poursuis ma lecture à la chapelle. Je jubile ! Ruysbroeck parle des noces

spirituelles comme du terme de l'intimité avec le Dieu vivant, où

« Dieu comble l'âme de sa divine présence », pour employer les termes de saint Bernard. C'est bien au-delà des paroles, des mots, des sens, du raisonnement et de tout le reste. C'est indicible. Infini.

Ce livre est un tel réconfort pour moi ! Je me délecte de chaque page. Pour moi, après la Bible, ce sont les plus belles pages écrites de main d'homme ! Ruysbroeck a trouvé les mots pour décrire cette intimité amoureuse au-delà des sens. Par exemple :

« Lorsque l'homme intime et contemplatif a ainsi rejoint son image éternelle, et lorsque dans cette limpidité, grâce au Fils, il a trouvé sa place dans le sein du Père, il est éclairé par la vérité divine. À chaque instant, il reçoit la naissance éternelle d'une façon nouvelle, et il sort, selon le mode de la lumière, vers la contemplation divine. [C'est] la rencontre amoureuse dans laquelle se trouve notre plus haute béatitude, au-delà de tout. »

À travers ce livre, Dieu m'enseigne ce que je suis en train de vivre intérieurement. À genoux dans la chapelle, je le remercie longuement. Il a permis que je tombe sur ces écrits, dans cette toute petite bibliothèque, alors que j'attends mon départ et que je vis cette épreuve intérieure. Dieu a toujours mis sur ma route ce qu'il me fallait. J'ai quitté tous ceux que je connais et avec qui j'ai travaillé, tous ceux que j'aime. Je vis une rupture, et pourtant je suis encore là. À travers ces pages, Dieu me fait comprendre que je suis en train de vivre cette étape de la vie spirituelle : l'union définitive avec lui. Il me conforte dans ce que je vis intérieurement. Cette découverte est très lumineuse et pacifiante pour moi.

« Si nous nous préparions ainsi par les vertus [... pour] contempler clairement l'Unité dans la Trinité. Puisse le divin amour nous l'accorder, qui jamais ne refuse à un mendiant. Amen »

C'est la finale du livre. L'homme sur la terre rejoint Dieu. Depuis cette découverte, je prie le bienheureux Jean Ruysbroeck tous les matins. Il a augmenté la liste de mes grands amis du ciel ! Je remets le livre à la même place dans la bibliothèque, et je serais curieux de savoir s'il y est toujours...

Plusieurs années plus tard, lors d'un séjour à Bruxelles, j'entre dans la cathédrale pour prier. Je suis heureusement surpris par la belle statue de Ruysbroeck à l'entrée. Je le remercie. Je lui dois tellement...

Départ vers la Guinée

Deux mois après le dîner et le vote de la province, la communauté reçoit une nouvelle lettre du Supérieur général. « Le père Gilbert est nommé pour la Guinée. Nous l'attendons. C'est très important qu'il soit le plus vite possible là-bas. » Pour la seconde fois, notre Provincial convoque les confrères autour d'un bon repas et les fait voter à nouveau. Cette fois-ci, les voix sont partagées, mais il y a une voix de plus dans le camp des frères favorables à mon départ. C'est gagné !

Le Provincial est acquis à ma cause. Il a été Vicaire général en Guinée et connaît bien Conakry. Il sait que je corresponds au profil recherché. Avant mon départ pour l'aéroport, très gentiment, il vient me dire combien il apprécie et soutient ma candidature pour cette mission. Je sens aussi que les confrères sont avec moi. Ils me remercient même. L'un d'eux, malade, me donne la soutane blanche qu'il portait en Afrique, ainsi qu'une soutane kaki. Elles sont exactement à ma taille.

Je prépare mes quelques affaires. Le 4 décembre j'obtiens mon exeat et pars aussitôt. Je suis prêt ! Je quitte le sol canadien enneigé et arrive, avec mon gros manteau d'hiver, sur le sol brûlant de la Guinée...

Chapitre 4

Le père Tchidimbo, ancien Vicaire général devient Administrateur de l'archidiocèse. En effet, Rome ne nomme jamais un nouvel évêque juste après une expulsion, car il faut du temps pour comprendre ce qui s'est passé.

J'arrive à Conakry en décembre 1961, quelques mois à peine après ces événements.

Accueil guinéen

Le père Gérard Vieira m'attend à l'aéroport dans sa petite Volkswagen. Direction l'évêché. Il est peu loquace. La chaleur humide me saisit tout entier… Mon gros manteau canadien définitivement ôté, je retrousse mes manches et, les yeux écarquillés, je découvre l'Afrique. Tout est si différent ! Je suis émerveillé par toute cette vie qui grouille, par ces couleurs, ces odeurs et cette joie. Le Seigneur m'a appelé ici, il me confie ce peuple. Je l'aime déjà.

À l'évêché, tous les prêtres m'attendent. Le père Tchidimbo tient à fêter mon arrivée pour me remercier. Il a un sens de l'accueil incroyable. Il mesure sans doute que la décision de les rejoindre n'a pas dû être facile à prendre. La soirée est fantastique ! Dans un joyeux ballet rythmé au son des tam-tams, les dames arrivent avec de grands paniers sur la tête. Elles apportent les meilleurs riz de Guinée. Le père Tchidimbo ouvre même une bouteille de champagne offerte par un Libanais pour mon arrivée ! La fête dure toute la soirée. Les discours sont très émouvants. Ce peuple, meurtri par tant de conflits, m'accueille les bras ouverts. La vie est plus forte ! En une soirée, je me sens déjà des leurs.

« Mon père, dis-je au père Tchidimbo en fin de soirée, où suis-je nommé ?

– Montez dans la voiture de ce confrère. » Je n'ai aucune autre explication.

Le père Richard Fowler m'accueille avec beaucoup de joie. Il est curé de Kolea, la plus grosse paroisse de

Guinée. C'est un vrai Guinéen qui aime son peuple. Sa paroisse est immense. Autour de la grande église, des nuées d'enfants jouent dans la cour. Il me dit :

« Tu ne peux pas commencer à animer un séminaire avec nos enfants sans nous connaître ! Il faut que tu apprennes ce qu'est l'Afrique, que tu rencontres notre peuple, que tu sois avec lui. Tu

dois sentir le vent de chez nous, Alphonse. Bientôt, tu feras tes premières homélies en soussou. »

Son accueil simple et vrai me touche. Ma chambre est au dernier

étage du bâtiment paroissial. Le lendemain, je prends avec moi un groupe d'enfants pour un temps de catéchèse. Richard me confie leur livre. Je les rejoins sous le gros arbre, au milieu de la cour. Ils sont une cinquantaine, assis par terre autour de moi. Je commence à lire le quatrième chapitre lorsque mon voisin, qui doit avoir une douzaine d'années, regarde le livre par-dessus mon épaule et me dit à l'oreille :

« Mon père, pourquoi dans le livre les diables sont toujours noirs et les anges toujours blancs ? Sommes-nous des diables ? »

Tout le monde a entendu. Je referme le livre. Je ne peux ignorer pareille question. Je passe l'heure à tenter d'y répondre en leur disant combien Dieu les aime. Ils se rapprochent de plus en plus de moi. Je vois qu'ils sont heureux.

« Tu nous expliques bien. Toi aussi, tu vas t'en aller, comme les autres ?

– Mais non, je reste avec vous ! Ma chambre est là-haut, vous voyez ? »

Rapidement, ce n'est plus cinquante, mais cent jeunes que j'ai autour de moi, le matin, pour les cours de catéchisme.

Tous rêvent d'un petit terrain de football, mais le père Fowler ne permet pas de jouer au ballon à cause des carreaux. Ils tentent donc leur chance avec moi ! Je réussis rapidement à convaincre mon confrère. Avec les enfants, nous mettons des protections aux carreaux, délimitons un petit terrain et organisons les équipes. Un ami libanais nous donne un ballon. L'ambiance est créée ! Ils sont au comble du bonheur, leurs parents aussi, bien sûr. Ils s'entraînent tellement qu'ils progressent rapidement. Ces enfants sont les rois du ballon rond !

Richard voit cela d'un bon œil. Il est compréhensif et très gentil. Mais il est aussi très occupé. Sa paroisse est immense. Il consacre beaucoup de temps à son peuple, surtout aux petites gens. Il a le

souci d'être proche des plus pauvres. J'admire beaucoup cela. Il est très fraternel avec moi, m'explique comment faire et que dire. Il m'apprend à ne plus faire des « sermons de Blancs », mais à donner des exemples locaux. Il m'enseigne aussi les premiers rudiments de soussou. C'est indispensable car une bonne moitié de notre assistance ne parle pas français. Je fais sourire mes interlocuteurs avec mes questions toutes faites, mais ils sont touchés que j'apprenne leur langue. Je fais rapidement des progrès.

Richard m'emmène partout avec lui. Chaque soir, je le suis dans une famille où il est invité. Au départ, mon estomac m'interdit certains aliments comme les grosses boules de mil. Heureusement, en Afrique, on mange dehors en plongeant la main dans le plat. Et comme il y a toujours des enfants qui rôdent autour, je prends une petite poignée, je mets la main derrière mon dos et ils l'attrapent en vitesse... Cela passe inaperçu ! J'apprends ainsi, petit à petit, à aimer les plats traditionnels. Avec

Richard, je suis à bonne école pour connaître, comprendre et aimer une culture si différente. Partir fonder un séminaire en ignorant tout des us et coutumes locales aurait été pure folie !

Je sens cependant que Richard a un complexe à mon égard. Il me l'avoue. Pour lui, je suis « l'intello », je dois diriger le conseil et les services importants de la paroisse car je connais l'Église et j'ai voyagé, tandis que lui n'a jamais quitté son pays.

Je réponds : « Ah non, Richard ! Nous sommes chacun "intello" et "populo". Ne nous comparons surtout pas ! »

Il est heureux, mais pas encore tout à fait rassuré. Il poursuit :

- Je vais te dire une chose. J'ai réfléchi avant de te le dire. Tu as l'air triste avec moi, Alphonse.

Sa sincérité me touche profondément. Nous vivons ensemble depuis trois semaines et il aspire à une vraie vie fraternelle. Je réponds :

- À mon tour, je vais te dire ce qui me rend triste, Richard. C'est qu'on ne prie pas ensemble. Pour être frères, nous devons prier ensemble. »

Je lui propose donc de nous retrouver le matin, une heure avant la messe de sept heures, pour dire l'office et faire oraison ensemble, en silence. Mystérieusement, quand on se tait l'un à côté de l'autre, on partage beaucoup. Il accepte très docilement et sans aucune hésitation.

Je le retrouve le lendemain matin, à six heures moins le quart, à la chapelle. Je suis vraiment heureux. Mais lui, il bouge dans tous les sens... Manifestement, il ne sait plus faire silence. Il est accablé par le travail. Alors, de temps en temps, je lis une petite parole d'évangile et ainsi, tout doucement, il retrouve le chemin de la prière. Il rentre dedans admirablement. Je vois que le Saint-Esprit le visite.

Les paroissiens remarquent vite que l'église est ouverte plus tôt. Ils demandent donc à se confesser. C'est un petit peu osé, mais je me permets de couper court tout de suite. Je leur dis : « Toute la journée nous vous parlons de Dieu, alors le matin nous nous réservons du temps pour parler à Dieu de chacun de vous. Silence donc ! » Le bruit se répand à toute allure et le lendemain l'église est pleine à six heures ! Ils veulent voir leurs prêtres parler à Dieu...

Au bout d'un mois, Richard me propose de prier aussi un quart d'heure en début d'après-midi, avant de partir chacun de notre côté faire nos visites dans les rues. Il ne manquera jamais ce rendez- vous avec le Seigneur et ne sera jamais en retard. Le Seigneur l'a saisi. Il était prêt. C'était un prêtre très généreux, il donnait son cœur, mais il avait perdu la prière. Et il l'a retrouvée.

J'ai aimé ce père, c'est quelque chose d'incroyable... Il m'a tout appris durant ces trois mois ensemble. Pour ma première homélie en soussou, il a invité, sans m'avertir, le père Tchidimbo. Je me lance avec un large sourire et je l'aperçois dans l'assemblée. Qu'à cela ne tienne, je continue en soussou pour mon peuple. Je veux me faire proche d'eux, tant pis si je fais des erreurs ! Il vient me trouver dans la sacristie après la messe et me dit :

« Tu es à peu près nul, mais enfin tu as un petit début de soussou quand même ! »

Il n'est pas méchant, seulement très direct ! Quelques jours plus tard, il me convoque à l'évêché pour me faire part de sa décision de me nommer directeur du séminaire. Je dois tout redémarrer. Il a choisi le lieu de Kindia, à cent-cinquante kilomètres au Nord de la capitale.

Le séminaire sera lié à la paroisse. Des commerçants libanais ont donné un très grand hangar dans lequel les séminaristes pourront dormir. J'aurai une chambre dans la maison de la mission, où le confrère curé loge aussi. Nous commencerons très simplement, avec les moyens du bord, dès le mois de février. J'accepte cette mission.

Le lendemain matin, alors que je prêche en soussou pour les enfants, le père Tchidimbo vient me chercher pour m'emmener. Richard est parti en visite, je ne peux même pas le saluer... Je pars comme un voleur. Nous échangeons beaucoup durant le trajet. Le père Tchidimbo est content de moi. J'ai pris la bonne voie pour comprendre le peuple guinéen et j'ai été très précieux pour Richard, selon lui. C'est bien réciproque ! Je lui dis ma joie d'avoir vécu à ses côtés. « Garde cette belle amitié, me conseille-t-il. Quand tu viendras à Conakry, rends-lui visite et partage avec lui. » C'est ce que j'ai fait. Nous avons ainsi entretenu une très grande amitié.

Début du petit séminaire clandestin de Kindia

Le père Louis Lott, curé de Kindia, rappelle les séminaristes qui sont retournés dans leurs familles après la fermeture du petit séminaire. Dans les jours qui suivent mon arrivée, deux élèves de Terminale, quatre ou cinq de Première et environ six de Seconde, dont Robert Sarah – qui deviendra cardinal – rejoignent la mission.

Le père Louis me présente aux élèves comme le nouveau directeur et m'invite à boire un whisky avec lui. Je n'aime pas particulièrement le whisky, mais je ne peux refuser. Originaire d'Alsace, ce curé aime la vie de sa paroisse et les pauvres. Il est très gentil et c'est vraiment un homme de prière. Dès le premier jour, nous prions l'un à côté de l'autre dans l'église. La mission commence très bien !

Je démarre aussitôt la classe. Mes élèves n'ont rien. Ils trouvent des bancs et quelques tables dans les classes de catéchèse, mais n'ont ni cahier, ni crayon, ni aucun livre. Rien. Nous commençons comme cela. Ils ont une mémoire fabuleuse et une volonté admirable. Ils apprennent les leçons par cœur. Le père Gérard Vieira vient chaque jeudi de Conakry pour donner huit heures de cours de mathématiques. Cela m'aide beaucoup.

Dans la grande ville de Kindia, j'attire les regards avec ma soutane kaki. Je suis heureusement plus à l'aise avec le soussou. Je me présente comme un prêtre de la mission et j'apprends vite l'indispensable devoir de réserve. En effet, il y a des traîtres partout ; je dois donc me méfier des conversations et ne jamais faire de commentaire.

Mais il faut absolument que je trouve du matériel pour mes élèves… Comment faire ? Ma première idée est de rendre visite aux écoles qui m'entourent. Derrière la mission, il y a l'ancien séminaire des Pères, qui a été réquisitionné, avec tout son matériel, par le gouvernement. Il y a un autre lycée à proximité, ainsi qu'un département de Lettres rattaché à l'université de Conakry. Je décide d'y aller.

Rencontre avec un professeur de philosophie marxiste

On m'a averti que le directeur de l'université est marxiste. Peu m'importe, je dois le rencontrer. Et puis, je suis enseignant comme lui. Bien sûr, notre séminaire est « clandestin » et nous n'en parlons pas trop, mais en Afrique rien n'est vraiment secret… Nos activités clandestines s'organisent dans le cadre de la mission paroissiale, mais comme la paroisse est toujours pleine d'enfants et de jeunes, personne ne fait la différence. C'est ce que j'explique à ce professeur.

C'est un homme très malheureux et à bout de forces que je rencontre. Sa femme fait une dépression nerveuse. Il m'explique sa situation. Il est délégué du Parti communiste en Guinée. Il rentre tout juste d'un séjour à Moscou, mais il a été intercepté à l'aéroport de Conakry par des soldats et un délégué du gouvernement qui lui ont appris son expulsion. Il a cinq jours pour faire ses bagages et quitter le pays. Je le trouve dans son bureau, entouré de cartons, ne sachant où donner de la tête.

Nous vivons une très belle rencontre. Cet homme est vrai. Lorsque Jésus rencontre le jeune homme riche dans l'évangile, il est rapporté que, « posant son regard sur lui, il l'aima ». De la même manière, j'ai vraiment aimé cet homme dans sa vérité. Je lui propose tout de suite mon aide. Je mobilise quatre de mes plus grands élèves, parmi ceux qui me semblent capables de se taire. Ils ne sauront rien de notre rencontre. Je leur demande juste un petit coup de main pour un monsieur en difficulté qui doit faire ses bagages pour partir en voyage. Je demande au professeur de se cacher et nous faisons les caisses à partir d'une liste qu'il m'a écrite.

Il souhaite me remercier pour ce service. Je louche sur ses caisses de cahiers et de crayons tout neufs. Avec une lueur complice dans les yeux, il me demande si le séminaire recommence. C'est un langage codé. Je ne réponds rien, mais je comprends que je peux embarquer tout ce que je veux. Il se retire pour trier ses affaires personnelles pendant que les séminaristes chargent nos caisses de

crayons, de cahiers, et même de grammaires françaises. Quel butin royal ! Nous le stockons dans la cour de la mission.

Je fais aussi venir un docteur pour sa femme. Je contacte l'Ambassadeur de France en Guinée et me porte caution pour lui. Je signe un document ratifiant qu'il s'agit d'un homme respectable et qu'il peut demander l'asile en France. Ce qui est arrivé est indépendant de sa volonté. C'est un homme de dialogue, un homme très ouvert et vrai. Fort heureusement, personne n'a su que j'avais aidé ce professeur.

J'ai lié une très grande amitié avec lui, même si elle n'a duré que quelques jours. J'ai beaucoup aimé cet homme, et c'était réciproque. Il ne pouvait que respecter la foi catholique après notre rencontre, c'était impossible autrement. J'ai beaucoup prié pour savoir ce que je devais faire avec lui. Charité avant tout ! Je devais l'aider. Il est parti pour la France, à Toulouse, et je n'ai plus eu de nouvelles, si ce n'est que sa femme a guéri et qu'ils ont retrouvé de la famille là-bas.

La vie fraternelle au séminaire

Comment Jésus a-t-il fait ? Il a d'abord aimé. L'amour est toujours premier. Qui se destine à devenir prêtre doit prendre Jésus pour modèle.

« Ce qui compte, dans les jours que nous allons vivre ensemble, c'est d'aimer, dis-je à mes séminaristes rassemblés. Je vois que vous êtes tous généreux et fervents, vous ne seriez pas là sinon. Vous êtes courageux. Je sais que vous êtes en danger, vos familles aussi. Notre force est dans la prière. » Je conduis toujours ainsi ma pédagogie. Bien sûr, je sanctionne les copies et fais passer les examens, mais mon attitude première est toujours bienveillante. D'abord, je les aime et je laisse l'Esprit Saint faire son œuvre.

Les plus grands repèrent que nous faisons oraison tôt le matin, mon confrère et moi. Au bout de quelques jours, quelques-uns nous rejoignent. Robert Sarah est parmi eux. Je suis très heureux qu'ils prient avec nous !

Durant ces années, nous vivons la grande aventure de l'amitié avec Jésus. Je suis leur père, je leur fais confiance. Quand un problème survient – certains ont mauvais caractère et se disputent –, je ne les punis jamais. Je les envoie à l'église prendre un temps avec Jésus pour l'écouter. C'est tout.

Quelques semaines après notre installation, les plus jeunes du collège arrivent. Ils commencent leur formation. Cela me demande plus de travail. Deux jeunes prêtres fidei donum de Vendée nous rejoignent pour m'aider. Ils viennent juste d'être ordonnés et leur évêque me demande d'en prendre bien soin. Je suis responsable de leur formation. Ils ont encore l'huile sainte sur les mains... Quelle joie lorsque, le lendemain de leur arrivée, je les vois à la chapelle prier avec nous ! Je suis dans l'action de grâce. Nous nous sentons tout de suite très proches et allons vivre ensemble six années formidables.

Avec les plus jeunes, j'ai la même pédagogie qu'avec les aînés. Ils ont parfois les nerfs à vif. Quand une dispute survient, je leur demande de venir me voir le soir et de demander pardon avant d'aller dormir. C'est mon grand leitmotiv. J'y tiens énormément. Je ne les punis pas. Je leur apprends ainsi la certitude de l'amour inconditionnel de Jésus.

Ils fréquentent le collège de la ville où il règne une drôle de pagaille. Les professeurs sont souvent absents et il n'y a pas d'ordre. Je vois bien que mes garçons s'y découragent. Nous nous organisons donc pour les aider. Mes deux jeunes confrères donnent des cours de latin et de français en plus. Les aînés du séminaire donnent un coup de main pour les maths. Ils ont ainsi un niveau tout à fait correct. Je suis tout cela de près, bien sûr.

Le soir, tout le monde dort dans le hangar. Au début, je surveille le moment du coucher, mais rapidement je n'ai plus besoin de le faire. La confiance est établie. Après une journée bien remplie, je regagne mon bureau pour travailler. Les lumières s'éteignent et l'on vient frapper à ma porte : l'un vient demander pardon pour quelque chose qui s'est passé au collège durant la journée, l'autre sollicite un conseil ou encore vient se confesser. Leurs confidences sont toujours splendides. Il m'est donné, durant ces années, de vivre quelque chose du ministère de don Bosco. C'est une vraie grâce.

Pendant les vacances, je visite mes jeunes dans leurs familles, pour les connaître davantage, si bien que je ne m'arrête jamais !... Au bout de trois ans, je prends un peu de repos. Je suis très fatigué et j'ai contracté la terrible malaria (paludisme). Le docteur me met en garde car ma tension est au plus bas. Un bon moment de repos me permettra de reprendre des forces.

Ces six années passent à toute allure... À mesure qu'ils terminent leurs études, les plus grands partent, qui au grand séminaire, qui ailleurs, selon les appels discernés ensemble.

L'étonnant destin d'un cours de science politique...

En arrivant au séminaire, j'apprends que je dois enseigner la science politique. Je vais au palais présidentiel pour consulter les archives des discours présidentiels. Ils sont compilés dans de gros volumes. J'explique que c'est pour bâtir un cours de politique et que je veux repartir de la source, plutôt que de copier ce qui a déjà été dit. C'est visiblement la première fois qu'on leur demande cela ! Je suis donc reparti dans ma petite 2CV avec les vingt volumes des discours présidentiels, soit environ trois cents pages. Et j'ai tout lu ! Je les ai classés et annotés afin de construire mon cours. Mes étudiants l'ont appris par cœur. Ils sont ainsi devenus incollables sur l'organisation politique ou encore sur l'esprit du parti !

Cinq séminaristes descendent passer le bac à Conakry. Quelques jours plus tard, une voiture du palais présidentiel s'arrête devant notre portail. Deux hommes en sortent et me disent :

« Donnez-nous votre cours de science politique !

- Mais pourquoi ? Mon cours de politique n'a rien de particulier...

- Nous savons que vous enseignez la science politique ici. L'un de vos étudiants est arrivé premier de tous les étudiants guinéens. Il a eu 20/20 en politique. Il a été convoqué au palais présidentiel et il a été interrogé. À toutes les questions, il répondait comme un vrai savant. »

Je fais mine de ne pas trop comprendre. Ce que je sais, c'est que mon élève connaissait son cours sur le bout des doigts, ça oui. Je suis fier de lui. Il est impossible de discuter avec ces deux hommes. Je dois leur donner mon unique document, sur lequel j'ai beaucoup travaillé. Je suis vraiment malheureux, mais je ne peux pas faire autrement. Je vais devoir recommencer le travail depuis le début... J'espère qu'un des étudiants aura des notes complètes qui m'aideront à recomposer le cours.

Au début de l'année scolaire suivante, comme à mon habitude, je visite mon collègue, le directeur du collège voisin où vont mes jeunes. Un tiroir de son bureau est entrouvert et qu'aperçois-je ? Mon cours de politique ! Il est là. Impossible de me tromper : je peux reconnaître entre mille les caractères de ma machine à écrire. Je lui dis poliment le plaisir que j'ai de le retrouver et de travailler avec lui. Et je lui dis aussi que j'aimerais récupérer mon cours de politique. Il ne comprend pas. Il me dit :

« Ce cours, c'est le document officiel pour tous les collèges et lycées de la République de Guinée !

- Dans ce cas je voudrais bien en avoir une copie.

- Prenez celui-là, j'en demanderai un autre. »

C'est le mien ! Ils n'ont rien changé, ils se sont contentés de le copier. Je suis heureux de retrouver mon travail.

Mgr Tchidimbo

Le 31 mai 1962, le père Tchidimbo est ordonné évêque. C'est une très grande fête en Guinée. Le Président

Sékou Touré y participe. Mgr Tchidimbo est le premier évêque noir de la Guinée. Enfin, pense le Président, Rome écoute les instances du parti… Il donne même un beau terrain à Kindia pour la construction d'un nouveau séminaire. Mais quand nous regardons de plus près le cadeau, nous nous apercevons que le terrain appartient à un Libanais qui, écœuré par la situation politique et les vexations subies, nous le laisse sans hésiter, avec toute la plantation qui est autour. Il est même plutôt heureux que ce terrain devienne notre propriété. Petit à petit, nous commençons à construire un nouveau séminaire de soixante places. À partir de 1964, deux jeunes prêtres du diocèse de Luçon, Emmanuel Robaud et Joseph Brégeon, viendront nous rejoindre. Nous sommes donc une belle équipe de cinq autour de nos jeunes. Le travail ne manque pas.

Le président Sékou Touré attend, bien sûr, que Mgr Tchidimbo

s'aligne sur les directives du Parti. Notre évêque tentera d'aller le plus loin possible dans cette voie de collaboration avec le pouvoir, en gardant toujours une grande liberté de parole. À l'automne 1962 s'ouvre le Concile Vatican II, qui renforce les liens des jeunes évêques comme Mgr Tchidimbo avec l'Église universelle. Ses relations avec le Président se dégradent peu à peu ; en effet, notre évêque n'a de cesse de prêcher la paix et de dénoncer les atteintes à la liberté et les impérialismes. Ses homélies, jugées « non- conformes », ne sont rapidement plus retransmises à la radio.

Expulsé de Guinée le 31 mai 1967

Le 1er mai 1967, nous sommes réunis au palais présidentiel pour la fête du Parti. Dans son discours, le président annonce l'expulsion de tous les missionnaires blancs. Nous avons un mois pour quitter le pays par la frontière de notre choix. Des pourparlers s'engagent en hâte avec le nonce à Dakar et l'évêque de Ouagadougou, mais rien n'y fait. La sentence est posée.

À Kindia, tout le monde pense qu'il y aura des exceptions. Je suis lié au ministère de l'Éducation nationale, et ainsi davantage inséré dans le pays. Je pourrais donc rester, pensait-on. J'attends, dans l'incertitude, jusqu'au bout. Je ne fais pas fait ma valise. Je continue mon travail. Mais il n'y a pas d'exception.

La veille de mon départ, je réunis longuement les plus grands. Je suis affligé. Je leur explique dans les moindres détails le fonctionnement de notre maison : l'électricité, l'adduction d'eau, etc. Je leur confie les plus jeunes, en attendant qu'un nouveau prêtre arrive de Conakry pour me remplacer. Mes confrères sont tous déjà partis. Les deux pères de Luçon ont gagné le Sénégal. Je suis seul avec mes jeunes. Il règne dans le séminaire une tristesse épouvantable...

Nous prions et ensuite, pendant toute la nuit, les séminaristes viennent frapper à ma porte, l'un après l'autre. Ils organisent un roulement et se réveillent les uns les autres. D'abord, ils veulent me dire merci, et ensuite, ils m'assurent qu'ils resteront fidèles. Coûte que coûte. Ils ne quitteront pas le séminaire et prendront soin les uns des autres, ainsi que de la maison. Et de fait, ils sont restés.

J'ai promis au gouverneur local de partir avant le lever du soleil pour que mon départ passe inaperçu et ne provoque pas la révolte des habitants. Le lendemain, avant les premières lueurs du jour, je réveille mes jeunes. Ils descendent tous et se s'appuient contre le mur du séminaire en pleurant et en criant vers le ciel des versets de psaumes, comme « Pourquoi m'oublies-tu

[Seigneur] ? Outragé par mes adversaires, je suis meurtri jusqu'aux os, moi qui chaque jour

entends dire : "Où est-il ton Dieu ?" »Dans le silence
de la nuit, c'est terrible... Mais il faut que ça sorte !
Pendant une bonne demi- heure, ils pleurent beaucoup.
Je les laisse faire. C'est impressionnant, les hurlements
de douleur dans la nuit. Je n'ai plus de forces, j'ai passé
la nuit avec eux et la journée de la veille avec les gens
du pays. Je n'ai plus d'énergie.

Le chauffeur est là. Il doit descendre notre camion à
l'abri dans la cour de l'évêché à Conakry. Il observe la
scène, consterné. « Nous allons nous mettre en cercle,
comme une famille, leur ai-je dit. Je vais vous bénir et
embrasser chacun pour vous dire au revoir. Mais je
n'embrasse pas les larmes. Séchez vos yeux ! Continuez
à prier Jésus comme vous le faites et il vous enverra
quelqu'un. Vous verrez. Dans une semaine, vous aurez
un nouveau prêtre. Mgr Tchidimbo viendra vous voir
et nommera quelqu'un ici. En attendant, le responsable,
c'est le plus grand. Obéissez-lui comme vous m'avez
obéi. »

Je donne tous mes habits aux plus grands et laisse mes
livres, ma machine à écrire et toutes mes affaires pour

mon successeur dans le bureau du directeur. Dans l'armoire de ma chambre à coucher, il ne reste plus qu'une soutane blanche. J'ai donné à l'évêque l'argent qu'il me restait pour assurer l'intendance des premiers temps. Toutes les aides reçues du Canada sont là.

Les larmes se sèchent, j'embrasse chacun avec beaucoup de tendresse et, devant le portail d'entrée de ce séminaire tout neuf, je les bénis. Je monte dans le camion sans valise, sans rien. « Mon père, celui qui chasse l'homme de Dieu sera puni par Dieu, et toi tu reviendras ici ! », me dit le chauffeur. Je n'ai jamais oublié sa prophétie. Dix ans après, le camion me déposera au même endroit. C'est incroyable !

Mgr Tchidimbo, bravant le gouvernement, nous conduit à l'aéroport. Il essaie jusqu'au bout, mais en vain, de débloquer la situation. Ses relations avec le pouvoir se compliqueront. Accusé à tort de complot, il se retrouvera en prison à la veille de Noël 1970. Il sera humilié et

torturé avant de passer presque neuf années dans le camp de Boiro, le camp de la solitude et du rejet.

Quarante-huit Spiritains, trente Pères blancs, cinquante-cinq religieuses et douze pasteurs quittent le sol guinéen, ce matin du 31 mai 1967. Quatre petits avions nous attendent à l'aéroport pour nous emmener jusqu'à Abidjan. Là, le vicaire général vient nous chercher à l'aéroport. De Gaulle envoie ensuite un avion pour nous ramener en France. Nous arrivons sans rien.

Réconciliation avec le pasteur

Je ne peux oublier un dernier clin d'œil du Seigneur sur le sol guinéen, la veille de mon départ. Cette histoire a compté dans ma vie.

Au séminaire, quand les grands composent et que les plus jeunes sont au collège, j'ai un peu de temps libre pour préparer mes cours. Je vois régulièrement passer devant mes fenêtres le pasteur et ses enfants dans leur belle voiture. J'ai déjà essayé de les aborder, mais les enfants n'ont pas le droit de m'adresser la parole. Leur père me voue un mépris hautain.

Comme tout se sait en Afrique, les séminaristes l'observent tandis qu'il va chercher ses fidèles, le dimanche matin, dans sa grosse voiture. Ils sont outrés de son attitude envers moi.

Ce pasteur apprend comme moi son expulsion lors du fameux discours présidentiel. Il vient me trouver dans mon bureau, quelques heures plus tard. Je suis effondré par la nouvelle. Il ne me regarde pas, ne répond pas à ma salutation, mais entre pour la première fois dans mon bureau et tombe à genoux, en larmes, devant ma table. En anglais, il s'excuse de la haine et du mépris qu'il a eus contre moi. Il se sent si loin de l'amour de Jésus qu'il annonce... Il me demande pardon. Je me mets à genoux, moi aussi, de l'autre côté de la table, et je lis la deuxième épître aux Corinthiens : « Ma grâce te suffit, car ma puissance donne toute sa mesure dans la faiblesse. C'est donc très volontiers que je mettrai plutôt ma fierté dans mes faiblesses, afin que la puissance du Christ fasse en moi sa demeure. » Je prie à voix haute : « Mon Dieu, quel bonheur de voir vos deux serviteurs réunis ! » Nous prions un bon moment tous les deux. Il cite aussi des passages de l'Écriture. C'est incroyable !

Les séminaristes, qui l'ont vu entrer dans mon bureau, ont peur qu'il ne me fasse du mal. Ils n'osent pas frapper à ma porte, mais ils restent sur leurs gardes... Après avoir prié peut-être une heure, nous nous embrassons chaleureusement. Sa femme américaine nous rejoint avec leurs enfants. Nous sommes réconciliés.

Chapitre 5

De rupture en rupture : l'obéissance joyeuse dans la mission

Voyage à Lourdes

À Paris, les confrères eudistes nous accueillent très chaleureusement et organisent une petite soirée pour nous réchauffer le cœur. Après les visites médicales, le Secours Catholique nous offre un séjour de trois jours à Lourdes pour nous remettre du choc de l'expulsion.

Nous vivons trois jours merveilleux dans ce sanctuaire ! Un vrai cadeau de Dieu. Nous allons à la grotte, aux piscines et à la basilique avec les pèlerins. Nos soutanes, couvertes de la poussière africaine de la route, sont si sales que l'on nous prend pour des pauvres. Le soir, nous nous retrouvons entre nous pour dîner au Secours catholique et passer la soirée ensemble. Nous échangeons beaucoup sur notre départ si brutal.

Être expulsé est une expérience très violente. Les confrères qui accomplissaient leur ministère en brousse ont fermé leur mission et confié la quête et la clé du presbytère aux catéchistes, après leur avoir expliqué tous les détails matériels. Ils leur ont aussi enseigné à la hâte comment organiser une prière s'ils n'avaient pas de prêtre le dimanche suivant. Ces confrères sont partis en larmes, le cœur très meurtri. En quittant leurs villages, ils sont passés par notre séminaire, avant de rejoindre Conakry. Ils avaient envoyé des jeunes se former au séminaire. Ils avaient tellement fait pour cela, c'était la prunelle de leurs yeux ! Ils faisaient pitié à voir... Tout abandonner sans relève est pour eux une souffrance immense. Nous partageons leur douleur.

De mon côté, je pense sans cesse à mes séminaristes. Comment vont-ils ? Quelques minutes avant de décoller de Conakry, un confrère m'a dit avoir vu descendre d'un avion voisin deux prêtres en soutane. À Paris, nous avons appris que l'un de ces jeunes prêtres spiritains sénégalais a tout de suite été mandaté par Mgr Tchidimbo pour le séminaire de Kindia. Nous étions expulsés,

et eux débarquaient. C'est le mystère de l'Église universelle.

Pendant ce séjour à Lourdes, chaque soir, jusqu'à une
heure tardive, nous partageons sur nos vies et nos souffrances. Il faut que ça sorte. Nous réfléchissons et prions avec la Vierge Marie pour discerner comment continuer notre mission. Chacun de mes confrères sait très
clairement ce qu'il va demander lors de l'entrevue avec
le Supérieur général de la communauté. L'un souhaite
repartir au Sénégal, le pays le plus proche, pour garder
des contacts ; l'autre préfère un pays radicalement différent ; etc. Mais tous les spiritains de Guinée demandent à repartir ! Sans exception. Moi qui ai toujours
eu à cœur de les recevoir chaleureusement lorsqu'ils
s'arrêtaient au séminaire de Kindia, je suis si heureux
d'entendre leur détermination pour la mission. Leur
courage m'édifie, une fois de plus.

Le deuxième jour de notre court séjour, nous vivons
le chemin de croix ensemble. C'est un moment très
fort. De station en station, nous traînons notre croix. Je
dois prêcher. Ces stations sont si belles que je n'ai pas
grand-chose à ajouter. Dans cette montée vers la croix,
nous déposons toute notre mission. Le cœur du mis-

sionnaire est rempli d'amour ; il ne s'arrête pas de battre, comme cela, au bout de six ans. Dans notre épreuve, nous rejoignons l'agonie de Jésus. C'est Gethsémani. Nous passons par la croix pour arriver jusqu'au sommet de la résurrection. Là, nous jubilons comme des frères ressuscités ! Nous rentrons à Paris en chantant tout au long de la route. La Vierge a pansé notre douleur.

À Paris, le Supérieur provincial de la Congrégation nous attend dans notre maison principale, rue Lhomond. Chacun le voit pour envisager avec lui une nouvelle mission. Quand mon tour arrive, il s'étonne que mon nom ne soit pas sur sa liste. C'est normal, j'appartiens à la province du Canada. Nous ne décidons donc rien ensemble. Il me conseille simplement de regagner Saint-Pierre afin de me reposer pendant deux mois au moins, puis de rejoindre le Canada.

Formation à l'université de Pittsburgh, aux États-Unis

C'est ce que je fais. À Saint-Pierre-et-Miquelon, entouré des miens, je retrouve des forces. Mes parents sont surpris et ravis de me voir pendant deux mois.

Quand je rejoins Montréal, le Supérieur provincial me propose de faire une pause dans mon apostolat et de me former à l'université spiritaine de Pittsburgh pour le restant de l'année scolaire. Il y a, cette année-là, une excellente section sur l'accompagnement spirituel et psychologique, fondée par le père van Kaam. Je vis une belle amitié avec ce prêtre d'origine hollandaise, dont j'étudie les écrits. Nous travaillons ensemble la doctrine spirituelle du père Libermann.

Mes confrères américains m'accueillent chaleureuse-ment. Ils veulent que je me repose et m'exemptent d'ex-amens. Je peux composer mon année à ma guise. Je leur donne un coup de main au département de français en contrôlant régulièrement le niveau des étudiants qui se présentent pour la licence. C'est vraiment un tout petit service en échange de la formation qu'ils m'offrent. Je suis des cours de littérature passionnants et me spé-cialise sur la pensée du cardinal Newman.

Je lie de belles amitiés avec les étudiants. Nous allons souvent à la piscine à midi. Ils m'invitent à des concerts et au théâtre. Je vois ainsi de magnifiques œuvres clas-siques. Je suis souvent invité dans leurs familles. À Noël, j'ai repris des forces. Je suis comme un poisson dans l'eau dans ce nouvel environnement. J'en ai presque oublié mes malheurs !

Tous les étudiants sont invités à la soutenance du doctorat de Mgr Lefebvre, Supérieur général de notre congrégation, dans les locaux de l'université. Pendant le pot qui suit son intervention, il se promène dans l'assistance, un verre à la main. Comme il ne maîtrise pas l'anglais, il lui manque rapidement un traducteur pour échanger. Je suis désigné. Moi qui voulais rester discret, c'est raté ! Je lui sers

donc de traducteur pendant toute la soirée. Ce n'est que tard qu'il s'enquiert de connaître mon identité.

« Je suis le père Alphonse Gilbert.

- Mais... c'est vous que l'on cherche partout !

- Ah bon ? Excusez-moi, mon père, mais je suis un peu surpris. J'ai été expulsé de Guinée. Comme tout le monde, je suis rentré à Paris. On m'a renvoyé dans ma province d'origine, le Canada, et le Provincial m'a demandé de prendre un temps de repos et de formation.

- Vous ne savez donc pas que vous êtes nommé pour Haïti depuis longtemps ! Vous devez partir tout de suite.

- Et… tout de suite, quand est-ce exactement ?

- Demain ! »

Notre échange s'arrête là car quelqu'un l'interpelle.

Quel choc ! Comme à mon habitude, je cours à la chapelle. À nouveau, Jésus me montre que je dois choisir le chemin de l'obéissance. Mes confrères sont interdits. Ils tentent de me retenir, mais ma décision est prise : je partirai dès le lendemain. Obéissance, point final. Je leur dis : "Obedience, that's all for me. Every day. I will not change."

Nous nous quittons tristement. Le lendemain matin, à neuf heures, ils mettent à ma disposition une voiture pour me conduire à New York, où je dois prendre l'avion pour Port-au-Prince. J'ai réservé mes billets par téléphone. Une nouvelle fois, je quitte mes amis et je pars seul vers l'inconnu. Une nouvelle fois, la rupture est brutale.

Arrivée imprévue en Haïti

New York–Port-au-Prince, c'est un tout petit vol. En quelques heures, me voilà sur une autre planète… Mais il règne dans cet aéroport une ambiance que je n'aime pas. Un climat de peur. Plusieurs hommes armés rodent dans les halls. J'entends mon nom dans les haut-parleurs. Décidément, ce lieu ne me plaît pas ! Comme j'ai récupéré ma valise, je me faufile promptement le long des murs et attrape le premier taxi. Direction le Collège Saint- Martial, dans le centre-ville de Port-au-Prince.

En franchissant la porte du collège, en cette fin d'après-midi, dans l'air saturé d'humidité de cette île des Caraïbes, j'ai enfin la sensation d'être à l'abri. Je donne un pourboire au chauffeur du taxi. Je suis seul à l'entrée de cette illustre institution de l'île, avec ma petite valise. Personne ne vient me chercher, bien sûr, car personne ne se doute de mon arrivée. Je me dirige vers une salle de laquelle me parviennent des discussions joyeuses, de la musique, un air de fête !

Ce sont les confrères et les professeurs du collège. Le père Antoine Adrien, Supérieur de la communauté, m'aperçoit. Il est très surpris... Nous nous connaissons bien car nous avons fait notre séminaire ensemble, en France. Il est né aux Cayes, une commune du Sud d'Haïti, en 1922. Il a été ordonné en 1948, avant d'être envoyé ici, au Petit séminaire-Collège Saint-Martial, pour enseigner l'histoire de son pays. C'est un infatigable éducateur, entraîneur sportif, aumônier, etc. Dans son agenda chargé, il garde toujours du temps pour son activité privilégiée : la visite des pauvres dans un bidonville de l'île. Antoine est un homme incroyable.

Le dialogue s'engage :

« Alphonse ! Que fais-tu ici ?

- Tu ne m'as pas demandé ?

- Non. Enfin, si ! Mais… c'est bientôt Noël ! L'année a commencé depuis longtemps !

- As-tu demandé un professeur spécialisé en lettres pour enseigner dans les classes de Terminale ?

- Oui, oui, mais c'est vieux ! Quand j'ai appris ton expulsion de Guinée, j'ai voulu te récupérer pour ici. Mais entretemps, Dominique est arrivé. Il a les mêmes diplômes que toi, avec en plus un diplôme de littérature haïtienne. C'est un très bon prof, haïtien, jeune. Nous sommes ravis. »

Erreur de communication. Je vais donc rentrer aux États-Unis et terminer ma formation. Je suis prêt à repartir illico à l'aéroport, mais Antoine me retient pour la soirée et je me mêle à la fête, ce soir-là, à Port-au-Prince.

La nuit porte conseil. Le lendemain nous prenons le petit-déjeuner ensemble, Antoine et moi. Il veut me garder et me confier une classe de cinquante enfants capables de rendre un professeur dépressif. Ils ont été très désagréables depuis la rentrée de septembre et personne ne veut s'occuper d'eux. Je ne sais si je dois accepter. Est-ce pour « boucher un trou » – si c'est le cas, je retournerai avec plaisir retrouver mes amis américains – ou bien est-ce un réel besoin ? En fait, Antoine a vraiment besoin de moi. Il compte sur mes talents de pédagogue. Je lui demande alors une soutane blanche et me mets au travail.

Avec la mine de circonstance, j'entre dans cette fameuse classe. C'est le désordre complet. En silence, je promène mon regard dans la salle. Les élèves viennent de terminer un examen de mathématiques. Tous ou presque ont écrit des formules au stylo sur la paume de leurs mains, parfois jusque sur leurs avant-bras. Ils n'essaient même plus de les cacher. Je marche au milieu de ces élèves dissipés. Derrière moi, ça chuchote : « Il n'a pas l'air commode, le nouveau prof !... »

Je fais le tour de la salle. Personne ne se calme. Je n'ai toujours pas dit un seul mot. Je quitte alors la salle et me dirige vers mon bureau. Un élève, puis deux, puis plusieurs autres, me suivent.

« Mon père, ne faites pas ça, ne nous abandonnez pas ! Vous savez, ici, aucun prof ne veut venir avec nous. On n'est pas méchants. On a fait des bêtises, mais on n'est pas méchants.

- Je ne ferai pas la classe à des menteurs et à des tricheurs.

Ils voient mon regard fixé sur leurs mains couvertes d'antisèches.

- Mon père, on ne recommencera plus. On va vite aller chercher les copains et ils vont tous se laver au robinet. C'est fini, c'est fini ! Revenez !

- Dans ce cas, je reviens. »

Quand je rentre dans la classe, ils sont tous impeccables. Ils me tendent fièrement les paumes de leurs mains, aussi nettes et propres que les miennes. La classe peut donc commencer.

Je leur dis alors : « Je suis heureux d'être avec vous. Je sais qu'il y a eu des difficultés dans votre classe, je ne les connais pas et elles ne m'intéressent pas. Maintenant, j'aimerais connaître chacun de vous. Asseyez-vous. Dites-moi, chacun à votre tour, votre nom et d'où vous venez. » L'heure passe à toute allure. Ils sont touchés de voir un professeur qui veut les connaître personnellement. Je continue, durant les jours qui suivent, à établir la confiance et à mettre en place les règles.

Pour fédérer davantage le groupe, j'ai l'idée, la semaine suivante, de réaliser un journal de classe. Nous écrivons des articles et faisons des dessins. Nous composons la maquette des pages. Chacun s'y met. Avant la relecture finale, je corrige les fautes d'orthographe. Le directeur imprime sur sa petite machine quelques exemplaires que les élèves vendent fièrement aux plus grands pour dix pennies. Cette somme est dérisoire, mais ils sont tellement fiers de gagner l'estime des plus grands que cela vaut tout l'or du monde !

Nous organisons beaucoup de projets en dehors des cours, notamment des promenades. Inutile de dire que ces enfants se transforment vite. Cela se voit sur leur visage. Ils remontent dans l'estime de tout le monde. Notre année est superbe ! Je ne les punis jamais et m'attache beaucoup à eux. Certains sont entrés au

séminaire par la suite, et deux sont même devenus professeurs de Bible à Rome. Ces enfants avaient simplement besoin d'être bien orientés au départ.

Dans les bidonvilles de Port-au-Prince

J'aime visiter les pauvres dès que mon emploi du temps me le permet. J'organise de nombreuses collectes pour les aider.

En 1968, une grande famine sévit sur l'île. La plupart des Haïtiens vivent dans la misère. Je ne pourrai jamais oublier le visage de ce papa, ravagé par la tristesse, sa petite fille morte dans les bras. Elle vient d'avoir sept ans. Elle est squelettique. Il cherche un penny pour acheter un petit cercueil afin de l'enterrer dignement. Ce papa me bouleverse... Nous mettons sa fille dans ma chambre. Je ferme la porte et nous partons acheter un cercueil tous les deux. Nous trouvons aussi un drap afin de respecter la coutume locale qui veut que l'on recouvre le corps mort. Nous installons la fillette dans le petit cercueil et le papa part tout seul au cimetière, à pied. Quelle douleur ! Pendant des jours, je pleure et supplie le Seigneur pour cet homme dans ma prière.

Je fais beaucoup de visites dans le bidonville. Je m'occupe surtout des enfants. Les mamans, pour quelques pennies, veulent me vendre leurs enfants. Au bord des routes, je vois des jeunes enfants mourir de faim, haletants et tremblants. C'est terrible... En Afrique, j'ai côtoyé la pauvreté, mais ici, c'est la misère. Ces images hantent mes nuits. Je ne peux rester sans rien faire.

Avec la permission d'Antoine, je pars aux États-Unis chercher du secours. Je veux tenter le tout pour le tout. Avec une lettre de recommandation signée de la main d'Antoine, je sonne à la porte du cardinal Cushing, à Boston, et lui explique la situation dramatique que traverse Haïti. Il lance dans tout son diocèse un appel à l'entraide. La réponse est largement favorable. J'ai su plus tard que la famille Kennedy, qui possédait une résidence de vacances dans le diocèse de Boston et avait entendu l'appel du cardinal à la cathédrale, a généreusement contribué, elle aussi.

Mes confrères spiritains haïtiens, ainsi que la communauté des pères Missionnaires de Saint-Jacques, se dévouent jour et nuit avec courage. Tous ne cessent d'intercéder pour leur peuple.

Départ d'Haïti

L'île vit sous l'ère Duvalier. Les prêtres de Saint-Martial ne sont pas de son côté. Le collège représente, en effet, un des rares espaces de liberté que la politique du président n'arrive pas à pénétrer. Il n'a guère plus de partisans parmi les familles des élèves. Pire, Saint-Martial représente pour lui et ses proches un repaire d'opposants, de « camoquins », comme on les appelle. Nous cachons en effet dans les caves de l'établissement des réfractaires au régime. Antoine les visite et les nourrit pendant la nuit.

Le 15 août 1969, alors que mes confrères spiritains haïtiens célèbrent en paroisse, deux « tontons Macoutes », ces membres de la milice paramilitaire de Duvalier, viennent les attendre à la sortie, où ils les menottent et les emmènent directement à l'aéroport. Ils n'ont même pas le temps de passer chez eux. Ils n'emportent rien, pas même un bréviaire. Rien ! Neuf confrères sont ainsi expulsés, ce

15 août 1969. Antoine est le premier. Il est arrêté et malmené parce qu'il se défend. Arrivés en France, on les force à attendre, pour les débarquer qu'un prêtre de la congrégation vienne payer le voyage. Quelle violence supplémentaire !

Le père Lécuyer, notre nouveau Supérieur général, vient rapidement nous rencontrer en Haïti. Nous sommes alors encore vingt-huit Spiritains français sur l'île. C'est la fin des vacances scolaires. Le père Lécuyer, avec le Conseil général de la communauté, a décidé de manifester sa désapprobation devant cette expulsion en posant le « geste prophétique » de nous rapatrier tous. Nous votons. Je vote contre, mais les confrères votent pour. Nous partons donc pour la France rapidement. Je suis très malheureux.

Nos amis haïtiens, qui sont déjà très ébranlés par l'expulsion, sont à nouveau meurtris par cet arrachement. Beaucoup nous accompagnent jusqu'à l'aéroport. Pour les plus pauvres parmi eux, payer ces deux sous de transport représente un vrai sacrifice... En haut des marches de l'escalier d'embarquement, je me retourne et regarde une dernière fois cette terre d'Haïti. J'ai un haut-le-cœur. Il y a un an, j'étais expulsé de Guinée. Cette fois c'est différent : je quitte le pays sans en avoir été expulsé, et je quitte les pauvres. J'obéis, comme je l'ai toujours fait, mais je n'approuve pas. Pas du tout, même. Où est la « prophétie » dans ce geste ? Notre départ n'a rien prophétisé du tout ! Je suis déchiré intérieurement.

Où dois-je aller ? Au Canada ? À Saint-Pierre-et-Miquelon ? En France ? Je ne sais plus. La majorité de mes confrères étant français, j'embarque avec eux vers Paris.

À Paris, un message du père Lécuyer m'attend. « Cher père Gilbert, connaissant votre esprit d'obéissance… » Quand ça commence comme cela, c'est mal parti, me dis-je ! Dans la suite de son message, il me demande de partir pour Gentinnes, en Belgique. Le collège tenu par les Pères spiritains vient d'être fermé pour être transformé en un centre spirituel. Il me demande d'aller aider mes confrères là-bas à démarrer et à animer ce lieu. Comme à mon habitude, je vais à la chapelle pour confier ce choix à Jésus.

« Le Christ Jésus, ayant la condition de Dieu, ne retint pas jalousement le rang qui l'égalait à Dieu. Mais […]

il s'est abaissé, devenant obéissant jusqu'à la mort, et la mort de la croix. C'est pourquoi Dieu l'a exalté », écrit saint Paul dans sa lettre aux Philippiens. Courage, Alphonse ! En avant ! J'accepte donc et pars en train pour la Belgique.

Fondation d'un centre spirituel en Belgique

Dans mon wagon, certaines personnes semblent me connaître et chuchotent dans mon dos. J'entends le mot « star ». Ah non ! Tout, mais pas cela ! Dès mon arrivée, j'avertis le père Lécuyer que je ne veux pas de cela. Je peux faire n'importe quel service, mais pas avec ce genre de réputation. « Connaissez-vous l'obéissance ? me répond-il. J'ai besoin de vous. Faites-le. » Son télégramme est net. Je suis encore sous le choc, le soir, pendant le repas avec les confrères belges.

Une fois de plus, la nuit apaise mon cœur. Le lendemain matin, le Supérieur de la maison, le père Lambert, ainsi que le Provincial, m'accueillent très chaleureusement. Nous décidons que quatre confrères belges, ainsi qu'un confrère anglophone, seront à plein temps avec moi. Nous devons commencer assez vite car la communauté devient morose depuis la fermeture du collège. La plupart des confrères y ont été formés.

Rapidement, nous mettons en place une première retraite pour des jeunes de 14 à 15 ans. Ils viennent
des établissements voisins, avec leurs enseignants. Je
prêche. Mes confrères, au fond de la salle, écoutent et
prennent des notes. Ils me corrigent fraternellement à
la fin de la rencontre. Ils sont très satisfaits, mais je dois
apprendre à connaître ce peuple belge pour mieux rejoindre les gens. J'accueille chacune de leurs remarques.
Je suis très heureux de cette aventure qui naît. D'un
commun accord, ils m'élisent responsable du centre.
Leur confiance me touche. Je n'ai jamais joué au maître.
J'ai toujours été le frère ou l'ami qui rend service.

Les groupes de Bruxelles affluent dès les mois suivants, attirés par ce lieu de recueillement. La chapelle
mémoriale Kongolo, érigée en 1967 au cœur de notre
propriété, fait mémoire des dix-neuf missionnaires spiritains massacrés à Kongolo, au Congo RDC, la nuit du
1er janvier 1962, ainsi que des missionnaires de toutes
les confessions qui perdirent la vie lors des troubles qui
suivirent l'indépendance du pays, entre 1962 et 1964.
Deux-cent-dix-sept

noms, inscrits en lettres de bronze, ornent la façade
de ce superbe bâtiment moderne. Un confrère ouvre

même un petit musée missionnaire pour retracer cette histoire.

La pastorale de notre centre se lance rapidement. Les groupes scolaires en retraite et les pèlerins venus prier au Mémorial se succèdent. Nous accueillons aussi des séminaristes et des prêtres qui viennent se reposer. Rapidement, mes confrères se lancent eux aussi dans la prédication. Cela me libère un peu de temps pour des apostolats à l'extérieur. Je m'occupe ainsi des élèves de Terminale d'un grand lycée jésuite de Bruxelles. Je donne aussi des récollections pour les moines à Mared-sous. Je suis indépendant car les confrères m'ont offert une belle petite voiture, mais je rentre tous les soirs dans notre communauté. Ces différents apostolats me plaisent beaucoup. Je vis à cette époque comme l'épanouissement de ma mission.

Décès de mes parents à Saint-Pierre

Lors de ma dernière visite à Saint-Pierre, j'ai trouvé mes parents très affaiblis. Mon père a abandonné la pêche. Il continue à travailler comme charpentier, mais il ne peut plus aller à pied à son travail ; un jeune l'emmène sur les chantiers, à l'arrière de sa moto. Il est usé par le travail (qu'il n'a jamais arrêté).

Quand je les quitte, mon père se met à genoux devant moi, entre les deux portes du vestibule, et me dit : « Alphonse, veux-tu me donner ta bénédiction ? » J'ai bien compris que, pour lui, nous ne nous reverrons plus. Avec une grande émotion mêlée à une grande douleur, je lui donne ma bénédiction.

« Alphonse, apprends-moi une courte prière à dire lorsque je suis très occupé, m'a-il demandé durant mon séjour.

- C'est simple, papa. Tu dis : "Merci mon Dieu pour tout." C'est la plus belle prière et elle n'est pas compliquée. »

Le 22 juin 1969, dans sa quatre-vingt-troisième année, ma mère est à table avec mon père et mon frère aîné. Elle ne se sent pas bien. Elle demande à mon père le chapelet et commence à l'égrener. Elle s'arrête, dit lentement la prière « Merci mon Dieu pour tout » et meurt comme cela. Mon père est effondré. « Marie, ne me laisse pas seul ! Ne t'en va pas ! », dit-il en pleurant. Le décès de maman laisse papa profondément désemparé.

À ce moment-là, je suis avec un groupe de prêtres à Cauterets, près de Lourdes, là où Bernadette est venue se faire soigner d'un mal de gorge. Je suis moi aussi malade : j'ai perdu ma voix et j'ai été envoyé dans cet endroit pour me soigner et me reposer. Le postier m'apporte un télégramme en pleine messe, juste après l'homélie dite par mon confrère. C'est ainsi que j'apprends le décès de ma chère maman. Mon père souhaite me voir au plus tôt, mais c'est impossible, je ne peux entreprendre ce voyage. C'est un sacrifice très dur pour lui. Pour moi aussi. Je l'aime tellement...

Quelques mois plus tard, le 15 janvier 1970, à bout de forces, papa meurt en disant lui aussi : « Merci mon Dieu pour tout. » Une fois de

plus, j'apprends la nouvelle par télégramme. Je suis heureux de savoir que papa s'est éteint en disant ce qui est devenu sa prière. Comme notre année pastorale vient de se lancer, il me semble que je ne peux pas laisser mes confrères et entreprendre ce grand voyage jusqu'à Saint-Pierre. Je décide donc, comme pour maman, de ne pas assister aux funérailles. C'est un énorme sacrifice, mais je sais que Jésus me le rendra au centuple. C'est prévu ! Jésus confirme ma décision et me console. Je rends grâce sans cesse à Dieu pour mes parents.

Prédication d'une retraite de préparation aux vœux perpétuels

À la fin de l'année scolaire, le Provincial de France me demande de venir prêcher un mois de retraite à nos séminaristes en préparation de leurs vœux perpétuels, à la veille de leur diaconat. Je suis étonné que l'on me choisisse car je ne connais personne dans notre maison de Piré-sur-Seiche, où je ne suis pas retourné depuis mon noviciat, une trentaine d'années auparavant ! J'ai entendu parler du fameux Mai 68, mais je connais mal le contexte français. Je n'ai que quelques minutes pour réfléchir et pour en parler à Jésus dans la prière. Les confrères belges sont très fâchés de ce départ si brutal, mais puisqu'il s'agit d'une demande du Supérieur général, ils ne peuvent qu'accepter. Je pars, mais j'ai la certitude que je reviendrai rapidement près d'eux.

J'arrive à Piré-sur-Seiche. Ces trente jeunes de vingt-cinq ans m'impressionnent. Ils ont terminé leur noviciat, ont fait deux ans de stage et ont ensuite étudié pendant trois ans la théologie. Ils sont donc bien formés. Prêcher la retraite qui les prépare aux vœux définitifs est un sacré challenge ! Je ne sais comment me lancer... Je prie beaucoup le Saint-Esprit, le confident de mon cœur. Jour après jour, il inspire mes paroles, paisiblement. Il met dans ma bouche une parole de la Bible et je l'explique, en prenant des exemples de mission.

Ainsi passent les trente jours. Mes jeunes retraitants, surpris au départ par ma manière de faire, se laissent toucher. Les détails que je donne de la vie missionnaire les captivent. Le Seigneur seul sait ce qu'ils doivent entendre. À travers moi, il touche leurs cœurs.

Le responsable de la maison de formation de Chevilly-Larue, en région parisienne, que je ne connais pas, vient nous visiter dans les derniers jours de la retraite.

« Récréation pour tout le monde cet après-midi ! décrète-t-il un jour.

- Mais, mon père, ce n'est pas possible ! Nous avons une conférence à trois heures, lui dis-je.

- Venez, vous verrez. »

Et il m'emmène marcher dans les belles allées du parc. Je sens, encore une fois, qu'on va me demander quelque chose... Ce confrère m'apprend qu'il vient d'être nommé

Vicaire général pour la Province de France et que, dans la foulée, j'ai été élu pour lui succéder à la tête de la maison de formation de Chevilly-Larue. Il a tout arrangé. Le Provincial belge a accepté ce sacrifice. Il a averti ma province canadienne d'origine. Tout est donc « en règle » pour que j'accepte !

Après cette retraite, je rentre en Belgique. Les confrères de Gentinnes sont heureux de me revoir après ce mois d'absence. Mais je rentre pour repartir une nouvelle fois. Nous sommes très tristes de nous quitter. Heureusement, Jésus console mon cœur. Il a besoin de moi là-bas. Cela n'empêche pas que j'ai du mal à quitter mes amis. Et ce n'est pas la première fois... Je ne retournerai jamais en Belgique par la suite.

Directeur du séminaire des missions à Chevilly-Larue (1970-1976)

Je redécouvre la grande maison de Chevilly-Larue, que j'ai quittée en 1945, après mon ordination sacerdotale. Je ne connais aucun professeur. Malgré cela, je deviens directeur de ce grand séminaire des missions. J'ai devant moi tout un aréopage de professeurs de l'enseignement supérieur... Nous formons ce que nous appelons

« le consortium ». Tous les instituts missionnaires envoient leurs séminaristes dans cette maison pour leurs années de théologie. De nombreux laïcs et religieux viennent aussi étudier chez nous. La maison est remplie ! Il y a soixante-sept séminaristes pour les Spiritains, et soixante pour les autres instituts. Parmi les professeurs, sept sont spiritains. Je suis aussi élu Supérieur de la communauté. Ils forment mon peuple, je suis leur berger et je les aime beaucoup. Au bout de trois ans, je suis réélu. Je reste donc six années dans cette maison.

Accompagnateur des premiers pas de la Communauté de l'Emmanuel

Ma rencontre avec Pierre Goursat

À la fin de mes deux premières années comme directeur de la maison de Chevilly-Larue, je suis fatigué. Je me donne sans compter dans mon ministère, j'ai déjà beaucoup voyagé et j'ai besoin d'une pause.

Nous sommes à l'été 1972, ce sont les vacances scolaires et les séminaristes sont chez eux. À la sortie d'une église, une affiche présentant le Centre de La Hublais, à Rennes, attire mon attention. Le lieu me semble magnifique. Ce centre propose des retraites tout au long de l'année, et même des longues retraites d'un mois. C'est exactement ce qu'il me faut ! Après six ans de ministère, la congrégation nous donne le droit de faire une retraite de trente jours. Je m'inscris donc et prends soin de bien cocher la case « solitude » sur mon formulaire d'inscription. Je vais enfin faire une grande pause silencieuse et solitaire avec le Seigneur...

Arrivé à La Hublais, je goûte à la joie d'une première journée complète en silence. Les religieuses m'ont installé dans une des plus belles chambres de la maison. Il y a même l'adoration nocturne... Je suis au paradis ! Mais voilà que, dès le premier soir, quelqu'un m'aborde et me demande : « Êtes-vous le père Gilbert ? Savez-vous que vous êtes dans notre groupe ? » Ce monsieur doit faire erreur : j'ai demandé à faire une retraite seul. « Regardez, reprend-il, nous sommes placés par ordre alphabétique. Je m'appelle Pierre Goursat, vous êtes donc à côté de moi. Vous devez venir avec nous. » Immédiatement, je pense : « Ma retraite va être gâchée... Ils vont me demander de les accompagner. » Et pourtant, Jésus, une fois encore, me montre que je ne peux pas refuser.

Ce monsieur, Pierre Goursat, m'entraîne donc à la veillée de son groupe, au pied du Saint-Sacrement exposé.

Des prières spontanées jaillissent des cœurs des fidèles réunis. C'est superbe !

Je découvre pour la première fois le Renouveau charismatique de l'Église. Il y a longtemps que j'en entendais parler dans notre consortium, mais jamais je ne l'avais vu. Nous louons Jésus toute la soirée. Quel bonheur !

Pierre me propose de revenir le lendemain. J'accepte, bien sûr ! Il m'invite à participer à la prière avec les autres en prenant la parole, moi aussi. Puis il me dit : « J'ai discerné, père : vous devez nous partager ce que vous vivez. Vous n'avez pas le droit de garder cela pour vous. C'est pour nous que Dieu vous a donné tant de trésors ! » Ce n'est pas la première fois que j'entends cela. Lorsque j'étais aux États-Unis, au cours d'une retraite que je prêchais, une religieuse m'avait envoyé une lettre me demandant d'ouvrir mon cœur et de « laisser sortir les trésors que Dieu y avait mis ».

« Je vous rappelle qu'au livre de Tobie, l'archange Raphaël dit qu'il ne faut pas divulguer le secret du Roi, lui dis-je.

- Mais il dit qu'il faut révéler les merveilles de Dieu ! Tu oublies cela, Alphonse ! »[31]

Pierre me donne une sacrée leçon, ce soir-là ! Avec une certaine autorité et sa manière bien à lui d'entrer en relation, il m'enseigne le partage spirituel. À travers lui, c'est Dieu qui m'appelle.

À partir de ce moment-là, Pierre me tutoie et une grande amitié germe entre nous. Cette rencontre est inoubliable pour moi. Je rencontre le petit groupe de prière qu'il a démarré avec Martine Catta. Je jubile ! Je fais une très belle retraite.

Après la retraite, je reste en contact avec Pierre. Il est critique de cinéma et vit à Paris. Un jour, il m'appelle pour prier avec lui dans l'église de la Cité universitaire et me confie le secret de la fondation de la Communauté de l'Emmanuel. Nous échangeons beaucoup et je l'aide à discerner.

À chaque étape vraiment importante, il m'appelle et je l'aide à discerner telle ou telle décision. Je n'interviens pas dans sa vie – par exemple, je ne suis jamais allé sur la péniche, qui sert de quartier général à la Communauté –, mais nous restons très proches, Pierre et moi.

Vézelay, 1974

Le groupe s'étoffe rapidement et prend de l'essor. De nouveaux membres arrivent de tous les côtés. En 1974, Pierre m'invite à Vézelay pour le premier rassemblement du Renouveau charismatique catholique français. Malheureusement, je suis pris par une retraite que je dois prêcher à l'abbaye de Cîteaux. Je décline donc l'invitation. « Mais c'est de l'autre côté de la rue ! », me dit Pierre ! Effectivement, il n'y a qu'une centaine de kilomètres entre Cîteaux et Vézelay. Je prêche donc d'abord aux moines qui se tiennent en silence dans leurs stalles le matin, puis à la foule charismatique qui jubile en donnant de la voix le soir !

À Vézelay, pour la première fois, j'entends parler des dons et des charismes. Je dois animer le carrefour sur les fruits de l'Esprit Saint. Je n'ai pas tout à fait le même langage que ces frères et sœurs, mais ce que je dis touche les cœurs.

Les veillées de prière, surtout, me marquent. Les chants sont sublimes. Je découvre la beauté mystérieuse du chant en langues… Une personne semble conduire la prière. L'un prophétise, l'autre parle en langue, un troisième interprète. La complémentarité des charismes donnés par le Saint-Esprit m'émerveille dans cette assemblée. Ils sont près de quatre cents. Je découvre. Bien sûr, je connais d'un point de vue dogmatique cette vie dans l'Esprit Saint, mais jamais je ne l'ai vue ainsi vécue.

Quelques leaders du groupe de l'Emmanuel veulent que je reçoive l'effusion de l'Esprit. Je refuse, en les remerciant. Mais ils insistent pour prier quand même pour moi. Alors je me laisse faire. Dans un coin, Pierre, qui observe la scène, rit comme un bossu ! En effet, il m'a entendu parler et il sait que je vis déjà au quotidien avec l'Esprit Saint...

L'Emmanuel grandit

Je suis témoin, avec Pierre, de l'arrivée des premiers prêtres de l'Emmanuel. Je prêche leur première retraite sur l'Esprit Saint. Je leur témoigne de ce que je vis quotidiennement. Ils sont quarante et

ont un enthousiasme incroyable. Ils chantent, ils dansent, c'est le feu ! Ils sont magnifiques. Je suis enthousiaste avec eux. Pierre me parle souvent des prêtres. La rédaction de la règle de vie de la communauté avance.

Quand Pierre est en difficulté, car il ne peut plus réunir les membres de la communauté au presbytère de Gentilly, je les accueille chez nous, à Chevilly. Je leur prête des salles pour leurs rencontres. Je suis heureux de les accueillir. Ils sont à l'autre bout de notre grande maison, alors ils ne gênent personne.

Pierre aime traîner dans les couloirs et écouter quelques bribes des cours qui se donnent dans les salles de classe. Ce n'est pas de la curiosité, c'est vraiment par amour du Seigneur. C'est ainsi qu'un jour il m'entend commenter le fameux passage où le père Lallemantexplique ce que signifie « franchir le pas » dans la vie spirituelle. C'est ce moment, dit-il, où l'on se laisse délibérément posséder par l'Esprit Saint pour vivre sous sa tutelle divine et amoureuse. Ce thème me passionne. Après le cours, Pierre me demande de lui parler encore de ce sujet. Nous faisons un bout de réflexion spirituelle ensemble et devenons, à partir de ce moment, de très grands amis. Nous ne nous voyons pas souvent, mais nous restons très liés.

Pierre a rapidement vécu sous cette tutelle de l'Esprit. J'ai vu le Saint-Esprit prendre possession de tout son être. C'était magnifique ! Les premiers membres de l'Emmanuel prennent leur engagement dans la petite chapelle de notre maison de Chevilly, en 1977. Ils sont cinquante. Un vieux père spiritain qui assiste à la célébration me rapporte qu'à chaque fois que l'un d'eux se consacre, il voit l'Esprit Saint descendre sur lui.

À ce moment-là, je ne suis plus à Chevilly-Larue, mais à Rome. En effet, à la fin de mon deuxième mandat à la tête de la maison de formation, le Supérieur général sortant, le père Frans Timmermans, jeune missionnaire quadra très dynamique et amoureux de la congrégation, a été réélu, en même temps que quatre autres Pères, et m'a dit : « Alphonse, j'ai accepté de continuer

parce que tu vas venir avec moi. Je ne te demande pas ton avis. Tu seras Supérieur de la maison généralice, à Rome. J'ai entendu tous les projets missionnaires des confrères. Nous avons beaucoup à faire. » Je lui ai répondu : « Frans, tu n'y songes pas, quand même ! J'ai déjà tellement bourlingué... » Mais il savait que j'obéirais. Et en effet, j'ai accepté de le suivre dans cette aventure.

À chaque rupture, j'ai été libre de mon choix. Le Seigneur inspirait mon chemin. Je n'ai jamais refusé une mission. Mais cette fois-ci, pour la première fois, je traîne quand même un peu avant de partir : j'ai des problèmes à régler dans la maison pour que mon successeur soit serein à sa prise de poste.

J'arrive donc à Rome en 1976. J'apprends l'italien tout de suite.

Les trois premiers séminaristes de l'Emmanuel à Rome

Le séminaire français est plein, en cette rentrée scolaire 1976, et il manque des prêtres pour l'accompagnement spirituel. Les pères du séminaire ont donc demandé aux Spiritains si je pouvais venir donner un coup de main. Je rejoins le séminaire avec ma petite 2 CV et je participe aux réunions communautaires. C'est pour moi un grand plaisir. L'accompagnement spirituel personnel, je connais ça par cœur.

C'est comme cela que quatre ans plus tard, en octobre 1980, je rencontre les trois séminaristes de l'Emmanuel envoyés par Pierre. Je les accueille personnellement. Il y a Francis Kohn (un Français), Sergio (un Nicaraguayen) et Emmanuel (un Burkinabé). Or, dans l'enthousiasme de ce qu'ils vivent avec l'Emmanuel et le Renouveau charismatique, les trois jeunes gens ont créé dès les premiers jours

– sans le vouloir, bien sûr – un conflit dans la maison. « Tes trois jeunes vont être renvoyés, Alphonse ! » me dit-on dès mon arrivée, ce matin-là. Les Pères du séminaire entourent le recteur. Tous fulminent. J'arrive au bon moment ! Aux dires de tous, ces jeunes gens sont des effrontés. Pendant les Laudes, ils ont fait bande à part, se sont réunis à côté de la chapelle et ont prié à leur manière en dansant et en faisant du bruit, « comme des énergumènes »...

Aussi la réunion du conseil de la maison, l'après-midi à quinze heures, leur sera-t-elle consacrée. Ils seront probablement renvoyés car leur comportement est jugé inadmissible.

Je m'isole, j'appelle aussitôt Pierre, en France, et je lui explique tout. Il est fâché contre ses séminaristes. Je sais qu'ils n'ont pas fait cela pour se faire remarquer, encore moins par méchanceté. Ils ne connaissent pas les règles de la maison, rien de plus. Je prends donc les trois fautifs à part et leur explique les choses. Jamais ils n'ont imaginé créer pareil différend ! « Montrez-leur que vous faites communauté avec eux », leur dis-je. Participez à leurs offices. Si vous voulez vous retrouver pour prier entre vous, trouvez un endroit à l'écart, afin de ne déranger personne. » Je suis bien décidé à les aider à se sortir de cette affaire.

Sur ce, Pierre me rappelle.

« Alors, que va-t-il se passer ?

- Il y a un conseil cet après-midi à trois heures pour statuer sur leur sort.

- Entendu. Je prends l'avion. »

Pierre n'est pas venu jusqu'au séminaire français, mais il s'est inscrit à l'hôtel Colombus pour la journée et est allé prier devant le Saint-Sacrement, à la basilique Saint-Pierre, pendant cette fameuse réunion du conseil. Avant l'heure fatidique, je parle à mes confrères. Dans le creux de l'oreille, je les rassure, en excusant les trois séminaristes. J'explique aux bons Pères que ces groupes charismatiques vivent quelque chose de très nouveau, qu'ils n'ont pas voulu mal faire, encore moins blesser, qu'ils ne connaissent pas bien encore le règlement du séminaire, et qu'il ne faut pas voir d'affront dans leur attitude. Je prends le temps de parler avec eux per-sonnellement et à présent ils regrettent la situation. Un des Pères responsables m'émerveille en déclarant : « Je suis chantre. Nous faisons nos exercices dans la petite cabine, au troisième étage. Elle est calfeutrée. Ils peuvent y aller quand ils en ont besoin. Il leur suffit de demander les clés. » Je transmets tout de suite le message à Francis.

Je suis présent à la réunion de quinze heures. Mes confrères voient que j'ai de la peine parce que c'est moi qui ai introduit ces trois garçons. Ils savent aussi combien j'essaie de rendre service à chacun. Tous votent contre l'expulsion. Les trois séminaristes resteront avec nous. Je transmets la bonne nouvelle à Pierre, par téléphone, à l'hôtel Columbus. Ce petit litige se termine bien. « Mais n'oublie pas, Pierre, de l'annoncer à Jésus, lui dis-je. Ne pars pas de Rome comme cela ! » Pierre est allé rendre grâce et a sauté dans un avion pour rentrer à Paris. Il n'a même pas vu ses trois jeunes amis. Quant à eux, ce n'est que bien plus tard qu'ils ont appris le voyage fou qu'avait fait leur fondateur.

La situation s'apaise très vite. Certains ont brodé sur cette histoire par la suite, mais elle n'est pas plus compliquée que cela. Francis dévoile rapidement ses talents de leader. Il organise et mène des projets, et tout le monde le suit. Il a un tonus incroyable. Le pape Jean-Paul II lui-même en a vent. (En fait, Rome est une petite ville, et tout finit par arriver à ses oreilles !) Il veut justement créer un lieu d'accueil au Vatican pour les jeunes pèlerins étrangers qui viennent à Rome. C'est ainsi que le fameux Centro San Lorenzo démarre, tout près de la place Saint-Pierre. Francis est appelé pour ce projet. Il a, dès lors, carte blanche au séminaire et toute la confiance du recteur et de son équipe. Sa présence au séminaire français sera finalement saluée par beaucoup.

1. Adrian van Kaam (1920-2007) est un prêtre spiritain néerlandais, spécialiste de spiritualité. Quand il arrive pour enseigner à l'Université Duquesne (États-Unis), on lui demande de se former en psychologie. Élève de Carl Rogers et Erik Erikson, il obtient un doctorat, enseigne la psychologie et la spiritualité et fonde l'Institute of Formative Spirituality, à Duquesne, puis son équivalent pour les laïcs à Pittsburgh.

2. Le vénérable François Libermann (1802-1852), juif converti au catholicisme, fondateur de la Société du Saint-Cœur de Marie, est considéré comme le second fondateur de la Congrégation du Saint-Esprit. Cf. note 1, p. 127.

3. Le cardinal John Henry Newman (1801-1890) est
un théologien et un prédicateur britannique,
converti au catholicisme en 1845. Son influence
sur le christianisme est immense. Il a été béatifié
en 2010 par le pape Benoît XVI. Il a notamment
composé cette prière : « Que veux-tu, Seigneur,
que je fasse ? Permets-moi de faire route avec toi.
Que ce soit dans la joie ou dans la peine, je veux
t'accompagner. Amen. »

4. Mgr Marcel Lefebvre (1905-1991) est un prêtre
spiritain, missionnaire au Gabon puis au Sénégal.
En 1955, il devient Archevêque de Dakar. Il est
ensuite évêque de Tulle en France. En 1962, il est
élu Supérieur général des Spiritains. Il participe
au Concile Vatican II et devient la figure de proue
de l'opposition, en critiquant notamment le travail sur la liturgie et la liberté religieuse. Il remet
sa charge de Supérieur général des Spiritains, en
1968, car il refuse l'aggiornamento au sein de
la Congrégation. Il fonde, en 1970, la Fraternité
Saint- Pie X et le séminaire d'Écône. En 1988, il
ordonne quatre évêques sans l'aval de Rome. Il
est excommunié.

5. François Duvalier (1907-1971), surnommé « Papa Doc », est président de la République d'Haïti de 1957 à 1971. Véritable dictateur, il réécrit la Constitution, dissout le Parlement et se proclame « président à vie » en 1964. Son règne est marqué par la corruption et la mise en place d'une milice privée : les tontons macoutes. L'Église s'oppose à ses décisions. En réaction, il expulse plusieurs prêtres et évêques, dont l'archevêque de Port-au-Prince, Mgr Poirier, en 1960. En 1961, il est excommunié.

6. Pour plus de précisions, voir : Émile Jacquot, Les Spiritains en Haïti (1843-2003), d'Eugène Tisserant (1814-1845) à Antoine Adrien (1922-2003), Paris, Karthala, coll.

« Mémoires d'Église », 2010.

1. Le père Joseph Lécuyer, théologien du Concile Vatican II, a succédé à Mgr Lefebvre en 1968. Il est Supérieur général des Spiritains de 1968 à 1972.

30. Ph 2, 5-9.

Chapitre 6

Annoncer Jésus dans le monde entier, au souffle de l'Esprit

À la maison généralice de Rome

Après mon petit service au séminaire français, je me consacre pleinement à ma mission à la maison généralice de notre Congrégation, à Rome.

Le Conseil souhaite que je visite les missions dans le monde entier pour soutenir notre charisme spiritain.

Je suis appelé pour donner des animations spirituelles ou pour rencontrer des confrères responsables dans les quatre coins du monde. Nous avons beaucoup de vocations dans les pays de l'hémisphère Sud. Nous devons donc approfondir notre charisme et soutenir les communautés locales. « Le charisme, dis-je à tous, c'est ce par quoi Dieu nous fait vivre. » Je voyage beaucoup. Au total, je vais dans plus de trente pays. Au bout de six ans, je suis réélu pour un second mandat. Je resterai donc douze ans dans cette mission, de 1976 à 1988.

Je travaille beaucoup pour adapter chacune de mes interventions à la culture locale. Impossible, en effet, d'utiliser les mêmes mots et les mêmes façons de faire au Cameroun et à Trinidad-et-Tobago ! Je donne à chaque fois des exemples locaux. Au Nigéria, j'ouvre une faculté de spiritualité spiritaine (je voyage beaucoup au Nigéria pour soutenir les jeunes confrères car il y a beaucoup de vocations là- bas).

Une paroisse romaine comme point d'ancrage

« Ciao Gilberto ! »

À chaque retour à Rome, je retrouve avec un plaisir intact la joie des Italiens qui m'apostrophent dans la rue ou dans le bus. J'aime célébrer la messe des familles, le dimanche, à dix heures, dans notre paroisse située près de la rue Tito Livio. Le jeudi, quand je suis là, je vais voir les enfants du catéchisme et je leur présente l'évangile du dimanche suivant. Nous le mimons. Ils aiment beaucoup cela. Pendant mon homélie, le week-end suivant, je les appelle à venir devant l'autel pour répondre à mes questions. Ils le font parfaitement et ils racontent magnifiquement l'évangile ! Tout le monde applaudit, les parents sont fiers... Les messes sont ainsi très vivantes. Lors des Premières communions, je suis invité dans les familles et je participe toujours avec émotion à ces grands moments de joie. J'anime aussi un groupe de jeunes professionnels. Nous échangeons et refaisons le monde. Je suis très à l'aise avec la langue. Je rêve même en italien !

Avant d'aller à l'école le matin, les collégiens sonnent souvent à ma

porte.

« Vorrei parlare con Gilberto... »

Le confrère qui ouvre la porte n'aime pas trop cela... Je dois ouvrir rapidement la fenêtre, sinon ils seront renvoyés.

– Si, si, un attimo, padre fratello. Soltanto due minuti ! »

Les jeunes m'ouvrent leur cœur. Ce matin, un jeune garçon qui s'est disputé avec son père la veille pour une histoire de télévision se confesse et retrouve la force d'aller demander pardon à son père pour son emportement. Je suis toujours disponible pour eux. Je fais en sorte qu'ils repartent toujours plus heureux et libérés de leurs fardeaux. « Ne laissez personne venir à vous et repartir sans être plus heureux », disait Mère Teresa.

« Gilberto, tu capisci tutto ! » me disent-ils. Oui, je les comprends. Ils peuvent tout me confier. J'aime ces rencontres. Elles sont au cœur de mon ministère. Jamais je ne les ai négligées. J'apprends à

mes confrères à accueillir avec beaucoup de soin et de cœur ces visites inattendues.

Études et missions éditoriales

Mon ancre est à Rome. J'y reviens comme on rentre au port après de grandes explorations. Avec un confrère irlandais et un autre portugais, aussi doués l'un et l'autre pour la traduction, nous formons une belle petite communauté de travail au service de notre Congrégation. J'écris des retraites sur le charisme spiritain et nous les adaptons à chaque culture. Nous rédigeons aussi la revue Cahiers Spiritains, quatre ou cinq fois dans l'année. Nous lançons une autre revue, Spiritains aujourd'hui.

Des correspondants à travers le monde nous envoient des articles passionnants.

Le père Lécuyer n'est plus responsable de la Congrégation. Il a repris sa place au séminaire français comme directeur spirituel. Il clarifie et fait connaître les œuvres de nos deux fondateurs, Claude Poullart des Places et François Libermann. Il est devenu très expert sur ces sujets. Son article sur le père Libermann dans le Dictionnaire de spiritualité, intitulé « Docilité à l'Esprit Saint », est superbe. Nous aimons beaucoup sa visite dominicale à la maison généralice. Hélas, la maladie a raison de son courage.

L'oraison et le sport pour tenir dans la mission

Cette vie est dure physiquement. Je voyage sans cesse, je dois m'habituer au manque de sommeil, à des rythmes de vie et à des habitudes alimentaires différentes. Dieu me donne la santé pour cela.

Je tiens grâce à la prière et au sport. Au Canada, je souffrais régulièrement de maux de tête, signe que j'en faisais trop et que je devais m'arrêter. Je m'arrangeais alors avec un copain professeur pour aller jouer au tennis entre deux cours. Après une bonne douche, nous étions en forme pour reprendre les cours. Je remets cette habitude en place dès que je rentre à Rome. Le terrain de tennis situé près de notre maison est gratuit pour les ecclésiastiques à certaines heures. C'est formidable ! Je joue souvent contre un évêque anglais (très fort, d'ailleurs !). L'équilibre humain a toujours été capital pour moi.

Et bien sûr, il me faut du temps pour l'oraison. L'oraison est aussi vitale que l'air que je respire. Elle me permet de me remettre totalement à la disposition du Seigneur. « Seigneur, fais de moi ce que tu voudras, ce qu'il te plaira », écrivait le père de Foucauld durant ses longues prières. C'est cela l'oraison. Pour rester uni au Seigneur au cours de la journée et vivre toujours sous la motion de son Esprit Très Saint, il faut prendre un temps d'oraison conséquent. Lors de mes visites au loin, je prie au moins une heure, et une heure et demie quand je ne suis pas en voyage. Ma journée de travail est ensuite ponctuée par le chapelet, la visite au Saint-Sacrement et les offices, selon le règlement de notre communauté. Lorsque je n'ai pas pris mon temps d'oraison dans la journée, je le fais le soir, à la chapelle. Quand j'ai la grâce de rencontrer Jean-Paul II, un peu plus tard, j'apprends qu'il prie silencieusement une heure et demie chaque jour.

Mes journées sont toujours bien remplies, mais ce temps d'oraison

est indispensable. Après quelques hésitations, je prends l'habitude de me lever entre trois heures et quatre heures et demie, la nuit.

Notre chapelle est très belle... Dès que je me recouche, je me rendors sans aucun souci jusqu'à sept heures. J'arrive frais comme une rose pour nos Laudes en communauté, à sept heures et quart ! Je dois cependant veiller à ne pas me coucher trop tard le soir. Je n'ai pas la télévision. Je regarde juste les grands titres des journaux pendant un petit quart d'heure, chaque jour, afin de ne pas être trop déconnecté.

Une nuit, je suis en prière, comme à mon habitude, mais je distingue des bruits à l'étage inférieur... Ce sont des voleurs, j'en suis certain. J'invoque le Saint-Esprit et prends mon courage à deux mains. Du haut de l'escalier, je les aperçois. Ils sont trois, costauds, ils ont à peine vingt-cinq ans. De toutes mes forces je crie

« Polizia ! » Ils se sauvent en jetant leurs instruments derrière eux. De la fenêtre de ma chambre, je les vois sauter par-dessus le mur en bas de la propriété et rejoindre leur voiture. Quelle frayeur !

Je suis totalement redevable au Saint-Esprit, à Jésus et à mon Abba du ciel d'avoir pu tenir dans cette mission de visiteur pendant douze ans. Humainement, je n'aurais pas pu. À chaque instant, ils me soutiennent. Je reste toujours en lien profond avec le ciel grâce à ces temps d'oraison.

Depuis mes deux mois d'« ostracisme » au Canada, en 1961, je vis ce que les mystiques appellent l'union constante, ou encore l'union définitive avec Dieu. Dans cette phase, l'âme ne revient plus en arrière, l'union est fixée. On expérimente une force intérieure, une certitude et une sérénité incroyables. De temps en temps, la Trinité permet que vous touchiez l'infini, comme le dit Ruysbroeck. Je ne demande jamais cela à Dieu, mais je le remercie toujours après. Cette époque a duré longtemps pour moi. Je rends grâce au Seigneur tous les jours de me donner la possibilité de mener tant d'activités de front pendant ces douze années. Dans son autobiographie, Thérèse d'Avila souligne que le sommet

de la vie spirituelle, quand on est véritablement et profondément uni à Dieu, c'est l'apostolat, le don de soi
pour rendre les autres heureux.

« [Mon âme] est maintenant si sûre de jouir de Dieu
un jour qu'il lui semble le posséder déjà (...). Dans sa
reconnaissance, elle ne voudrait pas de cette jouissance
qu'elle ne croit pas avoir méritée, mais servir, fût-ce au
prix de beaucoup de souffrances ; il lui semble même,
parfois, que si elle devait servir jusqu'à la fin du monde
Celui qui lui fait don de cette fortune, ce serait insuff-
isant. (...) L'âme paraît être la souveraine d'un château,
elle ne perd donc pas la paix. (...) Elle s'oublie elle-même.
Tout est orienté vers l'honneur de Dieu, vers la façon de
mieux accomplir sa volonté et de travailler à sa gloire. »

Mission de première évangélisation en Zambie

Mes nombreuses expériences de mission sont très différentes les unes des autres.

Par exemple, appelé par des confrères de Tanzanie, je
pars pour la Zambie fonder une mission de première
évangélisation dans la région du Sagba. Quatre jeunes
Tanzaniens, aussi agréables que fervents, m'accompag-

nent. C'est leur première expérience et ils jouent magnifiquement bien le jeu.

Notre séjour dure vingt jours. Nous commençons par dix jours de retraite afin de nous mettre ensemble en présence de Dieu. C'est lui qui agira dans les cœurs à travers nous. Nous ne sommes que de pauvres instruments. Nous n'attirerons pas à lui par notre éloquence, mais par notre manière d'être, par l'amour que nous donnons, par notre bonté, notre compréhension et notre amitié.

Cette retraite est restée inoubliable pour moi. J'ai fait des centaines de retraites, mais celle-là fut très particulière.

Pendant une heure, chaque matin et chaque après-midi, nous parlons avec Jésus présent dans le Saint-Sacrement exposé. Nous prions en silence et, de temps en temps, l'un ou l'autre partage son inquiétude, une parole de réconfort, ou encore une prière. Jésus nous enseigne les uns par les autres. C'est magnifique !

Il fait si chaud que la sieste en début d'après-midi est incontournable. Nos journées sont rythmées par la prière : la lecture de la Parole de Dieu, la messe et les offices. À la fin de ces dix jours, nous sommes reposés physiquement et spirituellement. Jésus, lui aussi, a emmené les Douze à l'écart avant de partir en mission avec eux. En sortant de cette retraite, nous sommes dans les conditions d'un vrai apôtre, c'est-à-dire remplis de la force de Dieu. Des épreuves nous attendent, je le sais. Elles sont inhérentes à la mission. Le démon va nous mettre des bâtons dans les roues, mais nous n'avons rien à craindre : Jésus est avec nous.

Parmi ces quatre jeunes, Thomas, qui devint un grand ami, saisit cela tout de suite. C'est un magnifique jeune homme de l'ethnie

Moshi, aux yeux rayonnants. Nous l'élisons « animateur spirituel » de la mission. C'est lui qui donnera l'élan. Nous sillonnons la région et vivons de magnifiques rencontres. Nous n'avons pas de résidence, nous dormons dans les maisons qui nous accueillent. Physiquement c'est rude, mais nous sommes prêts.

Je me réveille un matin avec quarante-et-un degrés de fièvre. Je suis mal, je transpire terriblement. Impossible de me lever. Pour que je puisse bien me reposer, mes jeunes m'ont laissé dormir seul dans une petite remise, sur une natte. Je ne comprends pas d'où peut venir cette fièvre. Il n'y a pas de moustiques dans notre région, ce n'est donc pas le paludisme. Les jeunes courent vers le village pour trouver un médecin, ou au moins une infirmière. Faux espoir : il n'y en a pas. Ils entendent parler d'un gourou indien, au fond du bois, qui soigne avec des plantes. Il est un peu spécial, aux dires des habitants, mais très efficace. Remettre ma santé entre de telles mains m'inquiète, mais je n'ai pas d'autre option. Nous empruntons donc le sentier jusqu'à sa petite hutte. Pas de porte, juste une petite ouverture. Le guérisseur, qui nous a entendus, me demande d'entrer seul. Je ne le vois pas encore car il est resté à l'intérieur. Il insiste avec autorité. Il n'a pas l'air commode. Nous obéissons. Tandis que mes amis s'éloignent, dépités, j'entre fébrilement à l'intérieur de sa cabane de fortune, en m'appuyant sur les murs. Je ne tiens plus debout. Je lève mon regard vers cet étrange personnage, dans un dernier effort, avant de m'écrouler sur son tapis, entre des tas d'herbes et des préparations en tout genre. Me voici seul entre les mains d'un sorcier inconnu au fond de la brousse...

Il me pique le doigt pour recueillir une goutte de sang qu'il dépose avec soin sur une plaque de verre, puis il la recouvre d'une feuille.

« Vous n'avez pas de paludisme. Enlevez votre chemise.

Je m'exécute. Je suis bien loin d'un hôpital aseptisé, mais je dois lui faire confiance.

- My God ! Vous avez été mordu par la grosse araignée noire, la mygale. Vous allez mourir.

- Je suis prêt à mourir. Je suis un grand ami de Dieu. Je suis prêt.

Il ne semble pas étonné, mais il me scrute avec attention.

- Oui, je l'ai vu en rentrant. Vous êtes un ange envoyé par Dieu dans ma pauvre hutte. »

À mes yeux, c'est plutôt le contraire ! Le Seigneur m'a envoyé ici pour me faire soigner et permettre que je reprenne la mission.

À genoux devant moi, les deux mains sur mes genoux, il bénit Dieu.

« Mon Dieu, merci d'avoir envoyé votre représentant dans ma pauvre hutte. Je suis un misérable, mais je suis ici pour vous servir et vous aimer au travers des pauvres que j'accueille. Merci de me montrer votre gratitude par cette personne qui vient aujourd'hui me visiter. »

Sa prière m'émeut. Je me demande quand même s'il peut faire quelque chose pour me soigner. La fièvre me fait trembler, je sens qu'il ne faut pas perdre trop de temps.

« Votre fièvre augmente et vous allez sûrement mourir. Néanmoins, je peux vous faire avaler un petit liquide que j'ai concocté contre les morsures de mygale. Vous avez une chance sur deux. Que choisissez-vous ?

- Je ne décide jamais sans avoir prié avant.

- Très bien. Alors nous allons prier ensemble. »

À genoux à ses côtés, en silence, je m'abandonne au Seigneur. Il prie à sa manière je ne sais trop qui. Il me semble très sincère. J'accepte donc de boire son antidote.

Il chauffe un petit verre, tapote sa préparation et fait des petits mélanges. Je fais mon signe de croix avant d'avaler le précieux breuvage et demande au Seigneur la guérison. Je reste une heure auprès de mon médecin de fortune pour attendre le résultat. Nous sommes bien ensemble.

Il se met à pleuvoir à verse. Une pluie battante s'abat sur la pauvre cabane. Mes jeunes amis tanzaniens, morts d'inquiétude, tentent de venir me voir, mais en vain. Ils continuent leurs chapelets dans la voiture. Je sens les gouttes de sueur de mon front sécher une à une. Je sors progressivement de cet état fébrile et me sens de mieux en

mieux. Je suis sauvé ! Nous tombons à genoux pour remercier Dieu. Mon médecin pleure plus encore que moi.

Après ce que nous venons de vivre, j'ai du mal à quitter ce nouveau frère. Il n'accepte rien en remerciement. À travers moi, me dit-il, c'est Dieu qui l'a visité.

Je ne raconte presque rien à mes confrères, pour ne pas les troubler, mais je suis bel et bien guéri ! Nous retrouvons, en rentrant, la fameuse araignée à côté de ma natte. Elle est morte après m'avoir mordu.

Le soir même, après deux-cent-cinquante kilomètres de piste, je démarre la prédication d'une retraite au séminaire pour une soixantaine de jeunes. Notre mission de première évangélisation s'achève par cette retraite. Nous ne disons rien à personne de cet épisode. Durant tout le trajet, je reste silencieux, ce qui surprend mes amis, qui mettent cela sur le compte de la fatigue. En réalité, j'échange avec Dieu le Père dans le secret de mon cœur. Dans sa Providence, il a mis cet homme sur ma route, c'est évident. Il a même permis que je sois guéri par un non chrétien. Il bénit notre mission. L'Esprit Saint nous assiste pour chasser les démons. Il y a bel et bien un grand combat spirituel lors d'une première évangélisation. Je sais maintenant que la mission en Zambie se déploie magnifiquement.

Les jeunes missionnaires qui m'accompagnent m'éblouissent. Plus tard, je suis retourné en Tanzanie pour leur prêcher la retraite préparatoire à leur consécration définitive. Ils avaient le désir brulant de revivre cette expérience de retraite de la Zambie où, ensemble, nous parlions avec Jésus. L'un d'eux est devenu évêque de Nanzida. Quant à Thomas, il est malheureusement décédé dans un accident de voiture.

« Proclame la Parole, encourage, toujours avec patience et souci d'instruire ».

Il me faudrait des pages et des pages pour développer comment fonder une mission au loin. Ce n'est pas ici le propos. Et je ne peux pas parler de manière théorique. Voici donc quelques petites notes uniquement.

Le plus important, c'est l'humilité. Devant le Seigneur, nous sommes des pauvres. Quand vous arrivez à quatre devant tout un peuple, il faut marcher sur la pointe des pieds, avec un très grand respect, et ne surtout pas arriver en conquérants. Ces personnes ne nous ont pas attendus pour mener une vie morale, même si elle est peut-être imparfaite, et il faut la respecter.

Ensuite, il ne faut pas arriver avec un sac de riz. Cela, c'est zéro ! Les gens ne recevront pas le message, ils auront le sentiment d'être achetés et ils feront mine d'écouter pour avoir le riz.

Enfin, bien sûr, il faut s'adapter. Un pays arabe n'a rien à voir avec un pays africain. Le peuple malgache, par exemple, est très cultivé. Et les Malgaches sont sensibles jusqu'à la peau ! Il ne faut pas leur dire : « Ne t'en fais pas », il faut leur parler très sérieusement. Avec les peuples aborigènes de Papouasie, pour prendre un autre exemple, c'est très différent. Si l'on veut s'adapter, il faut laisser le Saint-Esprit aller en avant. C'est lui qui prépare les cœurs. Avant notre arrivée, il est déjà là.

Lors d'un séjour dans le Nord du Cameroun, je visite Gérard Sireau, un confrère en charge d'une mission. Son témoignage est un enseignement pour moi. Il me reçoit dans la hutte qu'il s'est construite. Sur le sol, je vois le plan d'une église réalisé avec des petits cailloux. L'ethnie dans laquelle il a été envoyé est animiste, mais elle a demandé à recevoir la foi catholique. En arrivant, Gérard s'est bâti une case et s'est mis au travail. Avec ses outils, il a cultivé son champ pour vivre comme tout le monde. Personne ne l'approchait. Pendant trois mois il a vécu là, comme invisible pour la population. Il a accepté ce silence et patienté.

Au bout de trois mois, il a pensé quand même qu'il devait changer de méthode. Alors il a fait venir une sœur pour s'occuper des malades et des enfants, une religieuse imposante et peu attirante physiquement, afin qu'il n'y ait aucune ambiguïté possible. Il lui a bâti une case à l'autre bout du champ et a patienté encore trois mois. Les gens ont couru chez elle pour faire soigner leurs enfants, mais lui ne recevait toujours aucune visite.

Et puis tout d'un coup, au bout de six mois, une dizaine de jeunes gens sont arrivés chez lui et ont demandé à connaître la foi. Pourquoi ont-ils attendu si longtemps ? Parce qu'ils ont d'abord observé Gérard, du haut du gros caillou qui surplombe le village. Ils ont guetté ses moindres déplacements. Ils ont maintenant confiance et peuvent recevoir son enseignement. Ces dix jeunes gens ont été ses premiers catéchumènes. Gérard leur a tout de suite parlé de Jésus mort et ressuscité. Il n'a pas fait comme saint Paul à Athènes, qui a voulu faire le malin devant les Athéniens ; non, il a imité saint Paul à Corinthe : il a tout de suite annoncé Jésus-Christ crucifié et ressuscité, c'est tout.

Les jeunes ont vite compris le plan de l'église réalisé avec les cailloux. Sur les conseils avisés de Gérard, ils ont construit une très belle église. Leur église. Ils formaient une équipe incroyable. La sœur faisait aussi beaucoup de bien dans le village. Gérard et elle étaient l'un et l'autre au service des habitants, chacun de manière différente.

Lors de ma visite chez Gérard, je trouve l'un des catéchumènes occupé à découper dans une plaque de tôle des petits crucifix.

« Jésus est mort et ressuscité », répète-t-il, convaincu. Et en effet, il sculpte un Jésus glorieux sur la croix. Il met une petite inscription dessous, dans sa langue maternelle. Il s'approprie la croix du Christ. C'est magnifique ! Je lui en achète une, bien sûr. Je la porte depuis plus de trente-cinq ans. J'ai simplement dû changé régulièrement le cordon, une bonne vingtaine de fois déjà ! Un jour, en sortant de la basilique de Nazareth, un jeune Arabe d'une vingtaine d'années m'arrache violemment ma croix du cou et part en courant. « Jette

ça ! » lui crié-je. « C'est la croix de Jésus. Ce n'est pas de l'or, c'est du fer ! » Il la jette dans le fossé et se sauve. C'est la seule aventure qui soit arrivée à ma croix.

Postulateur de la cause de béatification du père Brottier

En parallèle de mes missions aux quatre coins du monde et de ma vie romaine, j'ai la joie d'être postulateur de la cause de béatification du père Daniel Brottier, à la Congrégation pour la cause des saints, à Rome. Je travaille beaucoup sur sa vie et ses écrits.

Lorsque la première guerre mondiale éclate, et bien qu'il soit exempté, le père Brottier se porte volontaire comme aumônier militaire. Il passe l'intégralité de la guerre en première ligne et n'est jamais blessé. Il attribue ce miracle à l'intercession de sainte Thérèse de Lisieux.

Le père Brottier entre à Auteuil en 1923. L'Œuvre compte alors soixante-dix enfants et se trouve criblée de dettes. Pour la redresser, il lance une souscription destinée à bâtir un sanctuaire consacré à sainte Thérèse de Lisieux. Grâce à ses nombreuses publications, aux concerts qu'il organise et aux bienfaiteurs qui le soutiennent, le sanctuaire est consacré en 1930. L'œuvre s'étend rapidement et de nombreuses maisons ouvrent. Mille-quatre-cents enfants sont ainsi pris en charge.

À Auteuil, le père Brottier vit l'étape spirituelle de l'union définitive à Dieu. Il demeure en lien profond et intime avec Dieu dans l'apostolat, conduit par le Saint-Esprit. Le père Brottier est à la fois un mystique et un homme d'action ! Tout au long de sa vie, Dieu a buriné le cœur de cet homme à la santé fragile pour qu'il transmette sa tendresse aux plus petits d'entre les malheureux.

« Quand j'ai une décision à prendre, je prie. Je suis persuadé que Dieu m'assiste. Quand je parle, je suis réellement en sa présence », écrit-il. Sur les médailles pour sa béatification, nous avons gravé cette autre parole : « Penser à Dieu, c'est ne l'éloigner d'aucun détail de notre vie. » Et en voici une autre, toujours du père Brottier :

« D'où vient-il que beaucoup d'hommes fort bien organisés produisent si peu de résultats ? Je vais vous le dire : l'essentiel de l'organisme leur manque. Ils ont des mains, des pieds, une tête mais

pas de cœur. Le cœur d'une œuvre, c'est la vie intérieure ! » Les écrits du père Brottier m'édifient et me touchent profondément.

Pour faire aboutir une cause de béatification, il faut un miracle reconnu par la médecine. Pour le père Brottier, il y en avait beaucoup. Je ne voulais pas prendre le cas de ma propre guérison car j'étais quand même trop compromis dans le dossier !... Avec l'équipe, nous choisissons le cas d'un petit garçon bleu guéri instantanément.

Cet enfant était au plus mal et vivait ses derniers instants dans son petit lit. Le médecin venait de faire sa dernière visite. Il avait annoncé à la maman que ce n'était plus qu'une question d'heures, désormais. Une petite sœur des pauvres sonne alors à la porte de la maison. Elle présente tous ses vœux de courage à la maman et lui propose une petite image avec une relique du père Brottier. « Je n'ai plus confiance en rien, ma sœur », lui répond la maman effondrée. Mais elle la mène quand même vers son enfant mourant. La sœur se rapproche du petit très doucement, soulève la couverture et glisse la petite image sous sa chemise, sur sa poitrine. Elle reste à genoux près de lui et prie en silence. En quelques minutes, le petit malade reprend un beau teint rose... Il se lève de son lit, alors qu'il n'avait plus de force, et se met à faire de petits pas dans sa chambre. Lui qui n'avait jamais appris à marcher, il se met même rapidement à courir ! La maman sanglote d'émotion.

En rentrant de l'école les deux frères aînés trouvent leur frère sur le

tapis, avec leurs jeux. Quelle surprise ! Le docteur vient constater les faits. « Cette guérison dépasse la science humaine. Je n'ai aucune explication humaine à donner, c'est un miracle ! » écrit-il, ébahi, sur son ordonnance. Il signe le document, le laisse sur la table de la cuisine et quitte la maison.

Dieu permit la guérison de cet enfant par l'interces-sion du père Brottier. Je devais absolument retrouver ce garçon pour l'inviter à la cérémonie de béatification. Nous ne pouvions la célébrer sans lui ! Avec mon équipe, nous menons l'enquête. Nous cherchons dans la

région parisienne et, de fil en aiguille, nous finissons par le retrouver. Il vit dans la banlieue Nord de Paris, où il travaille comme laborantin. Le père David, aumônier général d'Auteuil, lui téléphone devant moi.

« Monsieur, l'Église va déclarer le père Brottier bienheureux grâce à la guérison de votre enfance.

- Écoutez, je ne veux plus entendre parler de cette histoire. Mes frères se sont beaucoup moqués de moi en m'appelant "le miraculé". Ç'a été très difficile. Je ne veux plus repenser à cela.

- Je comprends, Monsieur. Mais sachez que c'est important que vous soyez là pour la béatification. Le pape vous invite, avec votre femme et vos deux enfants, à la cérémonie. Vous serez au premier rang, juste devant lui. Ces places vous sont réservées. Nous attendons aussi cinq mille jeunes de la Fondation d'Auteuil.

- Je n'ai jamais parlé de ma guérison à ma femme… »

Il se laisse finalement convaincre. En rentrant chez lui ce soir-là, il dit à sa femme :

« Nous qui n'avons jamais voyagé, nous allons partir huit jours à Rome tous les quatre !

- Tu n'y penses pas ! Et le prix du billet d'avion ?

- Tout est offert ! »

En commençant par l'appel improbable qu'il a reçu le matin, il explique alors son histoire à sa femme. Il reste à convaincre le directeur de l'école de ses enfants, une fille de 11 ans et un garçon de 10 ans. Or ce dernier reçoit trop de demandes de congés et a décidé, cette fois, d'être catégorique. Le papa doit donc lui avouer la raison de ce voyage impromptu. Le directeur l'écoute et lui dit :

« Monsieur, je suis très ému par ce que vous me dites. Bien sûr, je vais donner des congés à vos enfants. Combien de temps voulez- vous ?

- Disons quinze jours ? »

L'affaire est réglée. La petite famille arrive à Rome et je les accueille dans la maison généralice des Spiritains. Tout le monde les regarde avec respect et admiration.

« C'est le miraculé ! dit-on en voyant le papa.

- S'il vous plaît, ne dites pas cela… », répond-il, gêné. Cet homme semble avoir perdu le contact avec la foi.

Le matin de la béatification, le 25 novembre 1984, la famille se rend à la basilique Saint-Pierre avec un quart d'heure d'avance, pensant être bien à l'heure (en France, quand on arrive un quart d'heure en avance, c'est certain, on est vraiment à l'heure à la messe !) Mais l'église est déjà bondée, bien sûr. Des Spiritains du monde entier sont venus pour l'événement. Des Italiens ont pris d'assaut les quatre chaises libres qui avaient été réservées pour cette famille, au premier rang. De mon côté, j'étais autour de la basilique depuis l'aurore pour finir de régler les derniers détails. Du sacrato, j'aperçois des gardes suisses, avec leurs hallebardes, qui semblent en avoir après un petit groupe de personnes. Je m'approche et découvre mes protégés. Ils criaient en français aux gardes qu'ils devaient entrer, et ces derniers, qui ne comprenaient pas un mot, se braquaient devant tant d'insistance. Dialogue de sourds.

Je vole à leur secours et dis aux gardes, en désignant le papa : « È

il miracolo ! C'est le miraculé ! » Les gardes, fermes et tendus jusque-là, deviennent dans la seconde souriants et attentionnés. Nous montons les rampes et traversons au pas de course l'immense basilique. Je les installe à leurs places en délogeant ceux qui les occupent indument. J'ai à peine le temps de rejoindre la sacristie. La procession d'entrée commence déjà.

Jean-Paul II fait son entrée dans la basilique, remonte l'allée centrale et arrive à la hauteur de la petite famille. Il embrasse tendrement les enfants et accueille chaleureusement les parents en les serrant contre lui. C'est une grâce incroyable pour cette famille.

Ils passent dix jours merveilleux à Rome. Un confrère leur fait visiter la ville. Le papa devient mon ami.

Un mois de retraite en silence

En 1988, la Fondation d'Auteuil m'appelle pour approfondir l'esprit du père Brottier dans les maisons de l'Œuvre.

Je quitte donc Rome et notre maison généralice. Avant de rejoindre la France, mes supérieurs m'offrent quelques mois de repos dans l'endroit de mon choix. Sans hésiter, je demande à partir pour la Terre Sainte. C'est mon rêve depuis si longtemps ! On me l'accorde. Je vais mettre mes pas dans ceux de Jésus... Je suis si heureux !

Pour financer mon séjour, je vais apprendre à donner des retraites de trente jours. Et pour commencer, j'en suis une moi-même. Près du lac d'Albano, où est construit Castel Gondolfo, j'arrive dans une magnifique propriété. La retraite se déroule en silence, il n'y a pas d'enseignements. Chaque retraitant s'entretient avec le père responsable une heure chaque jour. À l'heure fixée pour mon rendez-vous, j'arrive chez lui. C'est un père jésuite belge, sans doute sexagénaire. Nous commençons à échanger. Rapidement il se tait et me demande de passer de l'autre côté du bureau, à sa place. Nous partageons la même intense vie spirituelle. Son humilité m'édifie. Ces trois semaines de retraite sont un moment inoubliable de grande joie. Après tous ces voyages et ces missions, je retrouve avec bonheur le silence et les journées rythmées par des promenades solitaires dans cette si belle nature... C'est un très grand repos pour moi.

Ce père jésuite me donne même le cahier dans lequel il a écrit sa

méthode pour la retraite, afin de me permettre de lui succéder. Nous vivons une grande proximité spirituelle au point de devenir frères, jumeaux même ! Quelques années plus tard, je dois rendre à la Compagnie de Jésus ce précieux cahier bleu qui m'accompagne partout. Je ne veux pas m'en séparer, mais je ne peux pas mentir non plus... Ils le cherchent partout !

Cinq mois en Terre Sainte

Après cette retraite, je suis enfin prêt à décoller pour Jérusalem. Je n'ai guère envie de faire des études – j'en ai assez fait ! – à l'École biblique tenue par les Dominicains. Je souhaite travailler librement. Je sonne donc à la porte du Pontifical Biblical Institute, non loin du Consulat de France, où je suis reçu joyeusement. Je me présente comme un Spiritain, frère de cœur des Jésuites depuis cette récente retraite. Ils ont une chambre pour moi, et aussi une immense bibliothèque... Je suis au comble du bonheur ! Un jeune professeur de Bible à l'Institut biblique de Rome devient rapidement mon ami. Il est très calé et m'emmène partout. Il me donne aussi des pistes pour travailler à la bibliothèque.

Je vis à une dizaine de minutes de marche du Golgotha. J'y vais tous les midis, avant le repas. Je suis générale- ment assez seul à cette heure. Seul avec Jésus. Quel bonheur immense pour moi ! Je vais ensuite prier dans le tombeau vide du Ressuscité.

Plus bas dans notre rue, il y a l'église de la Dormition de la Sainte Vierge. À côté de Marie, dans cette petite pièce plongée dans la pénombre, je fais oraison régulière- ment. Les moines de la communauté chargée du lieu me repèrent et me proposent de passer un temps de solitude dans un petit ermitage qu'ils ont près du lac de Tibériade. Le monastère voisin s'occupe de l'inten- dance des retraitants. Cet après-midi-là, je rentre dans ma chambre du Biblicum vraiment bouleversé... Quel cadeau providentiel ! J'accepte avec joie la proposition.

Le lendemain matin, je prends l'autobus et voyage presque toute la journée. La saison des pèlerinages est terminée, nous sommes à la fin de l'automne. Les moines m'accueillent et me montrent une cabane dans laquelle ils ont installé un lit, une table, une chaise et un petit radiateur. Cette maisonnette a les pieds dans l'eau du lac. J'y dors chaque soir et passe mes journées à marcher sur les routes. Comme je connais par cœur l'évangile, je suis Jésus pas à pas, le long du lac de Tibériade, jusqu'à Capharnaüm, Magdala, ou

encore sur le Mont des Béatitudes. Je mets mes pas dans ceux du Christ. Je vois les paysages qu'il a vus. Je foule les chemins qu'il a empruntés. J'embrasse même les cailloux du chemin qui ont peut- être reçu ses pas…

Sur la petite colline des Béatitudes, deux jours après mon arrivée, une religieuse italienne me tape sur l'épaule pendant mon oraison. Leur aumônier est malade. Chaque matin, pendant deux semaines, je vais donc célébrer la messe pour ces sœurs en italien. De l'immense vitre derrière l'autel, on aperçoit le lac. Jésus aussi, lorsqu'il était en prière, a vu ses disciples sur le lac, malmenés par la tempête. Tous les jours, au lever du soleil, je viens faire oraison sur ce gros caillou. Je contemple les premières lueurs du jour sur le lac. Je n'en crois pas mes yeux… C'est un bonheur immense !

Ma petite cabane est reliée au monastère par une digue au bout de laquelle est érigée la fameuse statue de Jésus disant à Pierre :

« M'aimes-tu plus que ceux-ci ?» Un matin, j'aperçois des marins à une bonne centaine de mètres de moi. Je ne connais pas suffisamment l'hébreu pour leur parler. Je leur demande donc en anglais si la pêche est bonne.

« Nous avons travaillé toute la nuit sans rien prendre ! me répondent-ils.

- Bonne chance ! J'espère que ça ira mieux ce matin !

- Veux-tu venir avec nous ?

- Certainement ! »

J'embarque donc avec ces pêcheurs de Capharnaüm. Je veux comprendre l'évangile et les questionne. Est-il possible de pêcher cent-cinquante-trois gros poissons, comme cela est rapporté dans l'épisode de la pêche miraculeuse ? « Bien sûr, me répondent-ils. C'est pour cela que nous sommes ici ! Regarde là, à la gauche. Il y a des plantes très vertes, car il y a une source d'eau chaude ici. Notre lac est très, très grand. Les poissons vivent généralement au milieu du lac mais, de temps en temps, ils viennent en bande se purger avec ces plantes vertes. Nous essayons de les attraper à l'aller ou au retour. Ou bien la moitié à l'aller, et l'autre moitié au retour. Nous avons déjà attrapé jusqu'à cent-cinquante gros poissons ! »

Mon cœur déborde d'action de grâce. Quel cadeau de pouvoir approfondir cette page d'évangile ! C'est comme si je la vivais. Bien sûr, je ne remets pas en cause le miracle : Jésus a fait venir le poisson au moment donné.

Ces pêcheurs m'invitent chez eux, à Capharnaüm. Je visite cette terre splendide, les ruines de l'ancienne ville, avec la synagogue où Jésus prêchait et la maison de Pierre où il dormait souvent et où il guérit sa belle-mère. Ces lieux deviennent tout d'un coup très familiers. Les marins m'invitent à déjeuner mais je décline leur proposition car je ne veux pas les obliger à faire des extras pour moi. Ils sont pauvres et ont des familles à nourrir. Je suis très heureux d'avoir fait leur connaissance. Je leur promets de revenir les saluer. Avant de me quitter, ils m'offrent trois gros saint-pierre tirés de leur filet.

Comme Jésus l'a fait des dizaines de fois, je longe le lac l'après- midi. Je suis Jésus, pas à pas. Tout me semble splendide ! Je suis émerveillé. À Magdala, je vois un des bateaux trouvés au fond de la mer. Il semble être exactement de la taille de celui des douze au moment de la tempête. À Nazareth, je médite avec la Vierge Marie, en suivant ses pas, du puits jusqu'à sa maison dans la montagne.

En 2002, le cardinal Martini, l'ancien évêque de Milan, viendra s'installer lui aussi dans cette petite chambre d'ermite pour se consacrer à ses études d'exégèse biblique.

Ces cinq merveilleux mois sur les pas de Jésus sont très enrichissants pour moi, spirituellement et fraternellement.

Animation spirituelle chez les Apprentis d'Auteuil

En 1989, je rentre à Paris pour me lancer dans ma nouvelle mission au service de la Fondation d'Auteuil. Cette gigantesque institution recherche un animateur spirituel qui fera le lien entre ses maisons et développera le charisme missionnaire de son fondateur. Mon travail sur le père Brottier, au cours de son procès de béatification, m'a permis de le connaître davantage. J'ai bien étudié son esprit et le témoignage de sa vie intérieure. J'accepte donc cette mission.

Les maisons d'Auteuil accueillent depuis 1929 des jeunes fragilisés. À travers des programmes d'accueil, de formation et d'éducation, ils retrouvent un cadre de vie chaleureux et une confiance pour grandir. J'ai tout de suite beaucoup aimé ces adolescents déchirés par la souffrance.

J'accompagne les éducateurs dans leur mission en les aidant à toujours garder un regard d'espérance sur ces jeunes. « Père Gilbert, vous avez de la chance d'avoir la foi ! » me disent-ils souvent. Devant tant de souffrance, Jésus est l'ami sur qui l'on peut s'appuyer à chaque instant. Je les invite à avoir un infini respect pour chacun. Ils me charrient gentiment à cause de ma casquette de Pittsburgh. Je dois être le seul en France à la porter ! Je suis ainsi très reconnaissable, avec ce P brodé sur le fond noir...

Je reçois beaucoup de confidences d'adolescents malheureux.

« Mon père, à toi je peux le dire, je te fais confiance. Le week-end dernier, je suis allé chez ma mère. Elle était avec un autre monsieur qui ne m'a pas laissé entrer dans la maison. Il m'a giflé en me traitant de voyou. Je suis allé voir mon père. Il était content de me voir, je crois. Il m'a même embrassé. Je pensais qu'il allait m'accueillir chez lui. Mais il y avait sa nouvelle femme dans la maison, et elle lui a demandé de choisir entre elle et moi. Mon père, tout triste, m'a demandé de partir. Je suis tout seul maintenant. Je n'ai personne. »

Comment accueillir tant de souffrance ? Je reste à côté d'eux, toujours disponible pour les écouter. Avec beaucoup de délicatesse, quand c'est le moment, je parle de Jésus, l'ami qui ne nous trahira jamais. Un enfant mal aimé, c'est terrible, mais un adolescent, c'est dramatique !

À Auteuil, tout est possible. Un soir, je vois rentrer un fils prodigue de seize ans. « Nous ne recevons pas ceux qui ont fugué », lui dit autoritairement le directeur, sur le pas de la porte. « Mais je reviens à cause du père Gilbert… », ose le garçon, les yeux baissés. Le directeur accepte qu'il s'explique. Je suis immédiatement appelé. Nous entendons son désespoir, sa fugue et sa chute dans la drogue et les mauvaises fréquentations. Un jour, seul et sans maison, il s'asseoit au fond d'une église ouverte. Il est saisi par les chants. Il connaît ces chants… Il se souvient que c'est moi qui les lui ai enseignés. Le remords monte alors dans son cœur. « Que penserait le père Gilbert en me voyant comme ça ? J'ai tellement honte... », se dit-il en lui-même. C'est ainsi qu'il a pris la décision de rentrer. Quelle belle conversion !

La résurrection de Thomas

Je suis seul à être de service, ce dimanche matin, lorsque je reçois un appel de la police à huit heures du matin. En général, ce genre d'appel est pour nous prévenir d'un mauvais coup commis par l'un de nos jeunes. Mais cette fois, c'est différent. On me demande de venir au plus vite au commissariat. Je représente la direction, j'y vais donc. Je trouve une dame avec un petit garçon en pleurs.

« Je passais sur le trottoir, m'explique-t-elle, lorsque ce petit garçon, qui se tenait près de la cabine télé-phonique, a foncé sur moi pour me dire que son père était tout froid. J'ai donc appelé la police. » Je la remercie et dis à la police que je peux m'occuper de cet enfant. Avec la permission du policier, je sors de ce commissari-at glacial avec mon nouveau protégé.

« Comment t'appelles-tu, mon garçon ?

- Thomas.

- Quel âge as-tu ?

- Douze ans.

- As-tu des frères et sœurs ? Une maman ? Un papy ?

- Non, personne.

- Écoute-moi, Thomas. Nous allons passer chez toi prendre des affaires et tu viendras ensuite dans notre grande maison. »

Le policier m'accompagne jusqu'au cinquième étage de l'immeuble. C'est quand même plus sûr. Il s'occupe de la partie légale et garde la clé de l'appartement. Nous entrons et découvrons le papa de Thomas mort dans son lit, apparemment ravagé par la maladie. Thomas l'embrasse tendrement puis il ouvre son petit placard et met ses affaires dans une vieille valise. Le policier s'occupe du papa. Il a dû mourir la nuit précédente.

En quittant le petit appartement, je promets à Thomas de m'occuper de l'enterrement de son papa et de revenir avec lui dans cet appartement. Il accepte de me suivre. Il m'inquiète car il ne dit rien, est très tendu et se contente d'obéir machinalement. Je ne sais comment le prendre. Je supplie intérieurement Jésus de m'aider.

Comme je n'ai pas encore célébré la messe, je lui propose de la célébrer pour son père.

« Tu sais, Thomas, je suis prêtre.

- J'ai vu.

- Veux-tu que je célèbre la messe pour ton père ?
Veux-tu venir avec moi ? »

Dans son « oui » timide mais déterminé, je sens sa confiance. Je célèbre l'eucharistie avec le jeune garçon collé
contre ma jambe. Au moment de la consécration, quand
je dis : « Ceci est mon corps » en élevant l'hostie, je
vois sa figure inondée de larmes. S'il craque, il est sauvé
! J'ai la certitude que Dieu l'entoure de son immense
tendresse. Thomas est son petit enfant chéri et préféré.

Nous communions et restons assis en silence, l'un à
côté de l'autre. Il se penche vers moi et verse toutes les
larmes de son corps sur mes genoux. Quel grand acte
de confiance ! Je le laisse faire, bien sûr.

La journée est heureusement calme, je peux donc lui
dédier tout mon temps. Je l'installe dans une petite
chambre juste à côté de la mienne, afin qu'il puisse se
débarbouiller un peu après tous les événements de la

matinée. Il sort quelques minutes plus tard, tout pimpant. Cet enfant a visiblement l'habitude de se laver seul, il est très autonome.

« Thomas, je t'emmène au McDo. » À Auteuil, aller au McDo est la grande récompense ! Cela vaut tous les restaurants du monde… Thomas commande, mange, et commande à nouveau. Mon petit protégé est affamé. Il n'a pas mangé depuis deux jours, ne voulant pas quitter son père si malade pour aller faire des courses. D'habitude, son père lui dictait ce qu'il devait faire pour cuisiner, mais il ne devait plus avoir de forces ces derniers jours. Grâce aux frites et aux hamburgers, il reprend vie petit à petit. Il commande pour moi toutes sortes de boissons sucrées. Je n'aime pas cela mais ce jour-là, elles me semblent avoir un goût différent. Nous restons deux bonnes heures à table. Le directeur nous remarque. Je lui explique en deux mots la situation et il offre à Thomas des friandises

et des jouets. Les poches de Thomas sont pleines lorsque nous quittons le McDo. Nous rentrons un peu réconfortés à la fondation. Je lui propose de faire une petite sieste. Ce n'est pas dans ses habitudes, mais ce jour-là il dort quatre heures d'affilée…

Je profite de sa sieste pour passer quelques appels. Je connais une éducatrice talentueuse qui est aussi une très bonne maman. Elle pourrait s'occuper à merveille de Thomas. Elle travaille à la maison de Cempuis qui accueille des enfants abandonnés. Je la dérange un dimanche après-midi, alors qu'elle est en famille, et elle accepte sans sourciller de venir chercher Thomas dès le lendemain.

« C'est moi qui viendrai avec lui, réponds-je. Je ne peux le laisser ainsi. »

Que c'est difficile pour Thomas d'imaginer aller vivre ailleurs ! Je lui promets de venir le visiter très régulièrement et lui parle des amis qu'il va se faire, de l'école, etc. Je lis sur son visage que tout cela l'inquiète terriblement. Il y a quatre ans qu'il ne va plus à l'école. Il est resté au chevet de son papa.

« Là-bas, tu pourras jouer au ballon, toi qui es si doué.

- Qui t'a dit cela ?

- Je le sais ! »

Une étincelle fugitive illumine son regard. Le lendemain matin, nous échangeons tout au long de la route.

L'éducatrice l'accueille comme une vraie maman, avec des bonbons et des fleurs. Il est terriblement angoissé quand je dois partir. C'est une séparation de plus pour lui.

« Écoute, Thomas, tu as vu que je n'habite pas loin. Nous n'avons pas mis longtemps pour arriver ici. Si tu as besoin de moi, à n'importe quel moment, tu demandes à ton éducatrice de m'appeler et je viendrai immédiatement. Je m'occuperai toujours de toi, tu peux être tranquille ». Ces paroles le rassurent. Des jeunes l'accueillent et l'entraînent dans une partie de football. Il les suit, déterminé, oubliant pour quelques instants sa douleur.

Je comprends vite que son papa avait le sida. Sa maman a succombé à cette même maladie quatre ans auparavant. Le père, déjà malade, a alors retiré Thomas de l'école. Alors qu'il n'avait que

8 ans, Thomas aidait son papa dans les travaux domestiques. « Je faisais bien la cuisine, tu sais, me dit Thomas, fièrement. De son lit, Papa m'expliquait comment faire et je faisais. Je l'aidais à se lever et lui allumais sa cigarette souvent. » Entendre cela me crève le cœur... Quelle tristesse, cette vie, pour un enfant !

Je pars en donnant à l'éducatrice mes coordonnées afin qu'elle puisse me joindre à n'importe quelle heure. Je prévois de revenir dès la semaine suivante pour animer une session. Je rentre seul, bouleversé par tant de souffrance et de confiance à la fois. Je ferme la porte de mon bureau et dépose Thomas et sa famille aux pieds de Jésus dans une longue prière.

Le week-end suivant, avec le directeur, j'organise une émouvante célébration d'obsèques pour le papa de Thomas. Tous ses nouveaux amis sont présents. Beaucoup pleurent d'émotion. Nous avons expliqué aux enfants, pendant la classe, comment allait se passer la célébration. Il n'y aurait pas de cercueil puisque nous avions trouvé sur la table de chevet du papa de Thomas un petit papier où il avait écrit sa volonté de léguer son corps à la médecine, « afin de faire des recherches sur [s]a maladie ». Cette célébration est très importante pour Thomas. Il peut maintenant se lancer dans une nouvelle vie.

Il s'insère très vite dans sa nouvelle maison. Malgré ses quatre années de retard scolaire, il s'applique et les professeurs s'occupent bien de lui

Quelques jours après les obsèques du papa de Thomas, l'éducatrice me téléphone et me dit : « Mon père, venez vite ! Thomas s'est enfermé dans sa chambre, il ne veut parler à personne, il ne veut plus sortir. » Sans hésiter, je prends ma voiture et file le voir. Je frappe à sa porte. Pas de réponse. Une deuxième fois. Toujours rien. J'essaie de lui parler doucement : « Thomas, c'est le père Alphonse... » Il ouvre alors la porte et la referme immédiatement derrière moi. Il s'écroule en pleurs sur son lit. L'éducatrice m'avait prévenu. Il y a eu une dispute sur le terrain de football le matin et un jeune lui a crié : « Ton père, c'était un nul et un

méchant ! C'est pour cela que Dieu l'a fait mourir ! » Thomas s'est alors complètement raidi, il a quitté le terrain, la tête baissée, et il s'est enfermé dans sa chambre. Il ne veut ni manger ni voir personne.

« Mais, Thomas, réfléchis un petit peu, lui dis-je. Les jeunes s'insultent souvent en insultant leurs parents. C'est d'ailleurs encore pire quand il s'agit de la maman. Ce copain ne connaît pas ton père. Il a dit ces mots parce qu'il était en colère. » Effectivement, avant d'entrer dans la chambre de Thomas, j'ai croisé le fautif, tout penaud. Il n'imaginait pas blesser autant son ami. Il avait cette mauvaise habitude d'insulter les parents lorsqu'il était énervé. Tout le monde faisait cela dans son ancien quartier... « Je regrette ce que je t'ai dit, Thomas, lui dit-il quand ce dernier sort de sa chambre. Je ne le ferai plus. Ton père était un grand homme, au contraire. Il a même donné son corps pour aider à soigner d'autres personnes. Je suis désolé... » Après un court instant de silence, il reprend : « Je te propose de jouer maintenant dans mon équipe. Tu seras mon ailier droit. Nous allons gagner ensemble ! » La réconciliation de ces deux écorchés de l'amour me touche profondément.

Thomas passe une bonne année scolaire. Je lui rends visite

régulièrement. À la fin du mois de juin, la question de son orientation se pose et de nouveau l'équipe m'appelle pour que je donne mon avis. « Mon père, tu me connais bien. Il y a trop de choses dans ma tête. Je n'arrive pas à suivre toutes ces classes de maths, d'histoire, etc. Je pense tout le temps à mes parents. » En l'entendant parler, je comprends, qu'il faut l'orienter différemment. Je comprends aussi qu'il a besoin de retourner voir son appartement.

Nous partons donc tous les deux nous promener à Paris. Après un passage obligé au McDo, nous sommes au pied de son immeuble. Il monte l'escalier à toute allure. Les policiers ont accepté de me confier les clés. « Thomas, lui dis-je sur le pas de la porte, tu es grand et très gentil. Tu nous l'as montré. Tu vas faire de bonnes études pour apprendre à travailler avec tes mains. Nous allons choisir un métier ensemble. Cet appartement va être vendu. Je

placerai l'argent à la banque pour toi afin que, lorsque tu auras

18 ans, tu puisses t'en servir. Maintenant, regardons dans les armoires ce que tu veux emporter. » J'ouvre la porte. Lui reste immobile sur le paillasson, en regardant droit devant lui. Beaucoup de nœuds se dénouent en lui à cet instant précis. Il va directement vers l'armoire de ses parents, l'ouvre et prend une photo punaisée au dos de la porte. On l'y voit à la plage, heureux, assis entre ses parents. Il place cette photo contre son cœur, jette rapidement un regard tout autour de la pièce et me dit : « Maintenant, on s'en va. » Il me montrera des dizaines de fois cette photo, lors de mes visites. Pour l'aider à choisir son orientation, je prends une journée avec lui pour

faire le tour des professeurs pendant qu'ils donnent leur cours. Nous voyons le mécanicien, le menuisier, le jardinier, le cuisinier, etc. Je veux trouver avec Thomas non seulement un métier qui lui convienne, mais aussi un professeur qui sera capable de le comprendre et de l'aimer comme il est. Il s'arrête devant la porte de l'atelier de l'électricien et frappe. Le courant passe tout de suite entre eux ! Dans les yeux de Thomas, je lis que son choix est fait. Il démarre à la rentrée un apprentissage en électricité. Le professeur l'adopte tout de suite et l'invite même chez lui le dimanche pour rencontrer ses enfants. Thomas deviendra un grand ami de la famille, du fils aîné en particulier. Il trouvera dans ce foyer la chaleur d'une famille et cette amitié avec le fils aîné l'équilibrera.

Thomas obtient son examen aisément. C'est même le meilleur

élève de sa filière. C'est un jeune homme équilibré et bien dans sa peau. Grâce à la vente de l'appartement familial, il peut s'installer dans une petite maison et monter son affaire. Il se marie rapidement et me présente un jour son beau petit garçon blond, qui lui ressemble comme deux gouttes d'eau. « Tu sais, père, il ne sera pas malheureux comme moi ! Je vais le chouchouter ! » me dit-il fièrement.

Je ne cesse de remercier Dieu de tout mon cœur pour cet enfant sauvé. La vie nous a séparés, mais je le garde dans mon cœur.

Cette résurrection est un des si nombreux succès d'Auteuil. C'est magnifique !

Rachid demande pardon

À la fondation d'Auteuil, nous avons des animateurs et des professionnels exceptionnels. Je ne peux oublier, entre autres, ce père de famille nombreuse, très chrétien, à la fois ferme et bon. Avec lui nous lançons un groupe de prière. J'expose le Saint- Sacrement, et lui, avec sa guitare, il invite au recueillement la cinquantaine d'ados présents. Des dizaines de petites bougies décorent la jolie chapelle. Des prières spontanées jaillissent des cœurs. « Jésus, fais que je retrouve mon père… » Cette prière revient souvent. C'est tellement douloureux à l'adolescence de ne pas avoir de père !

Je confesse, dans la sacristie, pendant les chants. Dès qu'un premier se décide, tous suivent ! Le lendemain de la prière, Rachid, un petit musulman de 14 ans, vient me trouver. Il a de magnifiques traits berbères.

« Je veux que tu me fasses ce que tu as fait à Jonathan.

- Mais qu'est-ce que j'ai fait à Jonathan ?

- J'ai tout vu par la fenêtre. Il s'est mis à genoux devant toi, il avait ses mains comme ça (il mime le geste) et tu as mis tes mains sur sa tête. Maintenant, il ne veut plus aller voler avec moi à Carrefour comme avant... »

Je suis ébahi ! Il a observé la confession de son copain et il en voit maintenant les fruits...

« Je vais t'expliquer : Jonathan a demandé pardon à Jésus et Jésus lui a pardonné. Il n'ira plus voler à Carrefour. Me comprends-tu ?

Je lis dans son regard une vraie inquiétude.

- Je vais perdre mon copain.

- Mais non, Rachid, vous pouvez rester de bons copains sans voler.

- Alors tu ne pourrais pas me faire ce que tu as fait à Jonathan ? Je voudrais aussi arrêter de voler.

Mais surtout, je ne veux pas perdre mon ami. »

C'est magnifique ! Pour l'enfant malheureux, l'amitié a une valeur inestimable. J'improvise une prière de contrition pour un enfant non baptisé.

- Répète après moi : "Dieu, je te demande pardon pour toutes les fois où j'ai volé à Carrefour."

Il répète.

Je continue et lui dis :

- Dieu me dit qu'il t'aime beaucoup. Tu es son Rachid bien-aimé. Tu n'es pas un voleur. Tu as volé quelquefois depuis la mort de tes parents, mais tu es un très bon garçon.

Des larmes perlent dans ses grands yeux durs.

- Mais alors, Dieu, il sait tout ?

- Oui, il sait tout. Il te parle dans ton cœur. Écoute-le. »

Il n'a pas espionné que Jonathan, manifestement... Il a dû en voir plusieurs autres, car il connaît les gestes de la confession par cœur ! Il se met donc à genoux, les mains jointes. Je pose la main sur sa tête.

- Dieu, notre Père, regarde ton enfant Rachid, les beaux sentiments qu'il a dans son cœur. Quel enfant admirable ! Rachid, Je te donne la bénédiction de Dieu. Avec sa force, tu seras capable de ne plus voler. Mais ne retourne plus à Carrefour, promets-le-moi.

- Je te le promets. »

Nous nous embrassons.

Je respecte infiniment la religion de ces enfants musulmans et je leur permets, pendant les offices, de prier dans une salle à part, avec un éducateur musulman. La veille de mon départ de la Fondation, Dalil Boubakeur, le responsable de la communauté musulmane de Paris, m'appelle pour me remercier de ce que j'ai fait pour les enfants musulmans. Il m'offre un magnifique Coran. Cela me touche beaucoup.

Quand des « voyous » découvrent la prière

En fin d'année scolaire, je prêche une retraite de préparation à la Première communion dans une maison de la Fondation. Je souhaite apprendre à prier aux vingt jeunes que j'ai en face de moi. C'est, pour moi, le plus important.

Je leur explique : « Quand je prie, je m'assois correctement, je fais un signe de croix et je ferme les yeux. Je reste en silence et Jésus me parle au fond de mon cœur. Je sais qu'il est là et qu'il m'aime, même si j'ai fait des mauvais coups. » Je leur propose d'essayer. Le silence dure cinq bonnes minutes, ce qui est déjà énorme pour eux. Ils sont tous très recueillis. Je leur demande alors ce qui s'est passé. Jonathan, un adolescent de 14 ans que la police nous a envoyé car il est orphelin et a été surpris à jeter des cailloux, du haut d'un pont, sur les TGV qui passaient, déclare : « Dieu ne parle pas comme nous, mais il dit des choses. » Quelle parole magnifique ! Le Seigneur visite le cœur de ce garçon.

Le soir, le directeur est surpris de leur calme, eux qui sont d'habitude très agressifs. Mais après le repas, il vient me voir et m'apprend que Jonathan a fugué... « Impossible ! » lui dis-je. Il a pourtant cherché partout et ne l'a pas trouvé. Il s'apprête donc à prévenir la Police. Je file à la chapelle et trouve mon Jonathan dans le noir, le visage collé contre le tabernacle. Je l'appelle doucement pour ne pas l'effrayer.

« Chut… ! Jésus me dit encore des choses… »

Je me retire sans faire de bruit et préviens le directeur. J'attends ensuite dans la chapelle qu'il ait terminé sa prière. La toute petite lumière rouge près du tabernacle éclaire doucement le chœur. Jonathan fait l'expérience de la tendresse infinie de Dieu. Il est méconnaissable les jours suivants ! Le directeur n'en revient pas…

Confession dans une prison

Durant ma mission à Auteuil, je suis appelé un jour pour confesser dans sa prison un assassin de 22 ans. J'accepte, bien sûr, et me rends dans ce centre pénitentiaire de la banlieue parisienne. Je franchis les différentes portes, accompagné du gardien qui tient un énorme trousseau de clés à la main. Je traverse de longs couloirs lugubres qui résonnent et j'arrive devant la cellule de celui qui a demandé à voir un prêtre. La miséricorde de Jésus va le rejoindre, je suis déjà bouleversé…

Notre rencontre est très simple. Il m'explique qu'il a trouvé un évangile par hasard dans une petite pièce de la prison. Il l'a lu plusieurs fois et connaît déjà plusieurs passages presque par cœur. L'Esprit Saint l'a saisi. Il veut maintenant demander pardon. Les gardes m'observent. Je suis autorisé à rester une demi-heure dans la cellule. En fait, nous passons plus d'une heure et demie ensemble... Je dois faire attention car c'est un homme dangereux, m'ont prévenu les gardes. Je suis arrivé sans crainte et je ne suis pas déçu. J'ai en face de moi un homme sincère. Cette rencontre est magnifique.

Le Seigneur nous a permis de nous revoir sept années plus tard. Un jour, par hasard, nous nous croisons dans la rue. Il me reconnaît et traverse la rue pour venir à ma rencontre. Dans son beau costume, il est méconnaissable. Il me dit : « Nous nous sommes croisés dans une maison très haute, où il y avait beaucoup de portes et de bruits de clés, vous vous en souvenez ? » Il me faut quelques instants pour me souvenir. Il continue : « Je suis devenu avocat après votre passage. J'avais déjà quelques bases. J'ai commencé les cours de droit et ai passé des examens, tout ça en prison. Comme ma conduite a édifié tout le monde, les trois quarts de ma peine ont été supprimés. Je n'ai fait que sept ans. » Je suis sans voix. Le pardon de Jésus a transformé la vie de cet homme. C'est incroyable !

Ces sept années au service de l'Œuvre ont été magnifiques. Je n'ai rien fait d'extraordinaire, mais j'ai été témoin de beaucoup de belles résurrections. Il suffit d'aimer ! L'évangile se résume finalement à cela.

Au printemps 1995, j'anime un colloque sur l'esprit et la pédagogie d'Auteuil devant une très grande assemblée. Les éducateurs et les directeurs d'Auteuil sont presque tous là. À quatre heures, nous faisons une petite pause et le Provincial des Spiritains s'approche.

« Viendrais-tu prendre une petite tasse de café avec moi ? » Je sens qu'il va me demander quelque chose... Je n'ai pas le cœur à cela, car je suis concentré sur mes interventions du colloque, mais j'accepte cependant de le suivre.

« Alphonse, nous avons une urgence à Rome, me dit-il. Le procureur des évêques de France, récemment nommé, est gravement malade, il vient de se retirer. Nous devons lui trouver un remplaçant. C'est urgent. Tu es habitué aux dicastèresromains et tu parles italien couramment. Tu es la personne qu'il nous faut. Accepterais-tu de prendre ce ministère au vol ?

- Quand veux-tu que je parte ?

- Demain !

- Il faut me donner cinq minutes de prière, quand même... » Je laisse ma tasse de café et pars me promener dehors.

« Alphonse, m'aimes-tu ? » me dit Jésus.

- Oui, Seigneur, tu sais tout, tu sais bien que je t'aime.

- Obéis. Je serai toujours avec toi. »

J'aime beaucoup mon ministère à Auteuil et je resterais bien là, mais j'obéis. J'accepte cette nouvelle nomination et pars dès le lendemain, avant même la fin du colloque...

Procureur des évêques de France à Rome

La mission qui m'attend à Rome est à la fois immense et délicate. Le procureur des évêques de France a pour mission de faire le lien entre les vingt-huit dicastères du Saint-Siège et les évêques de France. Il gère de nombreux dossiers compliqués : des nominations, des problèmes dans des communautés religieuses, etc. Et ce dans une discrétion absolue.

Le cardinal Etchegaray m'aide beaucoup. J'ai une con-
nivence particulière avec lui. Mon arrière-grand-mère
est enterrée à côté de sa grand-mère dans le cimetière
d'Ahetze, dans le pays basque français. Très adroit, il est
l'homme des missions délicates que lui confie Jean-Paul
II. Dès que j'ai un problème – et j'en ai beaucoup, car
les situations que l'on me présente sont souvent très
complexes

–, je lui en parle en fin de journée. À chaque fois, il
me dit : « Père Gilbert, revenez demain pour la messe
de sept heures moins le quart. » Le lendemain matin,
je célèbre avec lui et nous prenons ensuite notre petit-déjeuner. Comme il se lève à quatre heures, il a eu le
temps d'étudier le dossier, de prier et de m'écrire ses
directives. L'essentiel de mon dossier est ainsi résolu
dès le lever du soleil !

J'aime beaucoup accueillir les évêques de France lors de
leur séjour à Rome. Ils arrivent souvent fatigués et viennent reprendre souffle dans mon bureau. Ils me parta-
gent leurs joies et leurs peines. Ils vivent les souffrances
de l'apôtre. Le Seigneur m'inspire pour les réconforter
et les conseiller. J'organise pour eux des rendez-vous
avec le pape grâce à son secrétaire, mon ami polonais

Stanislaw Dziwisz, aujourd'hui cardinal archevêque de Cracovie.

Jean Paul II reçoit à sa table à midi. Le soir, généralement, il partage avec Stanislaw un repas frugal préparé par les sœurs polonaises. Tous deux fixent alors les rendez-vous de la journée du lendemain. Vers vingt-et-une heure, il n'est pas rare que je reçoive un appel du pape qui souhaite voir l'un ou l'autre. Il cherche souvent Louis-Marie Billé, cardinal archevêque de Lyon. Tous deux sont très

amis. Je mets alors sur la porte de ce dernier un petit mot : « Le pape te demande », afin qu'il soit présent au déjeuner du lendemain !

Je suis au cœur des confidences. Je connais bien les responsables des congrégations et je sais ainsi à qui m'adresser. À la Congrégation pour la Doctrine de la foi, dirigée par le cardinal Ratzinger, je contacte le cardinal Bertone, un grand ami, tellement bon. Autour d'une tasse de thé aromatisée d'une goutte de citron, il règle mes problèmes. Ma maîtrise de l'italien m'ouvre bien des portes.

Le cardinal Lustiger arrive toujours à Rome par l'avion de vingt- deux heures. Des séminaristes parisiens l'attendent et profitent du trajet jusqu'au centre de Rome pour échanger avec lui. Il loge à la maison des évêques, à côté des appartements pontificaux. Juste avant son arrivée, je dépose sur son bureau les dossiers qui le concernent, en faisant bien attention de ne pas les y laisser trop tôt, sinon ils seraient volés. Je suis tenu au plus grand secret afin d'éviter les scandales inutiles.

Je vis au séminaire français, près de la paroisse Saint-Louis-des- Français. Je suis aussi père spirituel au séminaire et animateur de deux équipes de vie. Avec mes confrères spiritains qui animent le séminaire, nous vivons une grande fraternité. Mes semaines sont toutes plus remplies les unes que les autres. Je n'ai pas beaucoup de loisirs, mais ces missions me remplissent de joie.

Je suis très proche du père jésuite Stanislas Lyonnet, professeur d'Écriture Sainte, que je n'hésite pas à déranger à n'importe quel moment. C'est un vrai savant, qui connaît la véritable vie dans l'Esprit Saint, car il la vit comme moi. Il est mon maître. Avec le père belge Ignace de la Potterie il a écrit un remarquable livre, préfacé par le grand théologien jésuite Henri de Lubac. C'est dire si je suis bien entouré ! J'aime partager des repas avec chacun. Ils sont tous tellement doués que je me nourris de leurs enseignements ! Je continue à creuser mon sujet favori : la vie dans l'Esprit Saint. Auprès d'eux, je trouve des textes et des notes de grands spécialistes de la Bible, ce qui me permet de connecter mon expérience avec la Sainte Écriture. Je suis sûr de ce que je vis, mais je veux l'expliquer. Je côtoie aussi le père Raniero Cantalamessa, prédicateur officiel de la Maison pontificale, avec qui j'échange au sujet de l'apostolat.

Milton Keynes UK
Ingram Content Group UK Ltd.
UKHW020733291223
435170UK00014B/565